LES MOTS
ET
LES GENRES
EN ALLEMAND

VOCABULAIRE

CLASSÉ D'APRÈS LES GENRES, PRÉCÉDÉ D'UN TABLEAU
DE LA DÉCLINAISON
ET DE REMARQUES SUR LES DIVERSES APPLICATIONS DU GENRE
DANS LA GRAMMAIRE ALLEMANDE

PAR

ÉMILE CHASLES

INSPECTEUR GÉNÉRAL DES COURS DE LANGUES VIVANTES

ET

EGUÉMANN

PROFESSEUR D'ALLEMAND AU LYCÉE DE ROUEN

DEUXIÈME ÉDITION

PARIS
LIBRAIRIE HACHETTE ET Cie
79, BOULEVARD SAINT-GERMAIN, 79

1875

IX

LES MOTS
ET
LES GENRES
EN ALLEMAND

VOCABULAIRE DISTRIBUÉ D'APRÈS LES GENRES

PRÉCÉDÉ D'UN TABLEAU DE LA DÉCLINAISON
ET SUIVI D'EXERCICES SUR LES DIVERSES APPLICATIONS DU GENRE
DANS LA GRAMMAIRE ALLEMANDE

PAR

M. ÉMILE CHASLES

INSPECTEUR GÉNÉRAL DES COURS DE LANGUES VIVANTES

ET PAR

M. EGUEMANN

PROFESSEUR D'ALLEMAND AU LYCÉE DE ROUEN

DEUXIÈME ÉDITION

PARIS

LIBRAIRIE HACHETTE ET Cie

79, BOULEVARD SAINT-GERMAIN, 79

1875

AVANT-PROPOS

L'usage de la langue allemande est impossible sans la connaissance exacte du genre des noms : c'est, avec l'étude de la grammaire et des racines, l'une des trois conditions du travail qu'on doit se proposer si l'on veut pratiquer la langue de Schiller et de Gœthe.

Non-seulement il est étrange, dans tous les pays du monde, d'employer un genre pour l'autre, et l'on ne se hasarde pas à parler quand on craint de prêter à rire en disant par exemple *la soleil* et *le lune* en français, ou le soleil (pour die Sonne) et la lune (pour der Mond) en allemand ; — mais encore il y a en allemand toute une série de règles grammaticales qui dépendent directement du genre.

1° Le genre en allemand indique la déclinaison du nom :

Der Sohn	Das Buch	Die Frau
Die Söhne	Die Bücher	Die Frauen

2° Le genre commande la déclinaison de l'adjectif épithète :

Den guten Sohn	Das schöne Buch	Die gute Frau

3° Cette déclinaison des épithètes et des déterminatifs, commandée par le genre, s'étend, d'après le génie synthétique de la langue allemande, à toute la grammaire, c'est-à-dire aux trois participes, aux formes comparatives et superlatives, aux locutions adverbiales déclinables, etc. Elle atteint même le nom dans les masculins pris substantivement, comme der Knabe.

Eh bien, malgré l'importance et l'influence du genre, il n'y a pas d'ouvrage pédagogique spécialement fait pour l'enseigner.

L'expérience a conduit celui qui écrit ces pages à composer pour ses enfants une petite méthode très-simple : l'élève apprend cinq ou six mots par cœur chaque matin, il doit les savoir sans hésitation et *ne jamais en prononcer un seul sans le faire accompagner de l'article défini* der, die, das.

AVANT-PROPOS.

Ce travail, continué pendant un an ou pendant trois cents jours à peu près nous donnera la pleine possession de quinze ou dix-huit cents mots environ. Ces mots sont des mots simples, qui décident du genre des composés, et l'on peut avancer, en quintuplant la somme des vocables élémentaires, que l'étudiant qui sait le genre de dix-huit cents mots simples aura appris du même coup neuf mille composés, en tout dix mille huit cents mots.

Que ces mots se groupent en catégories distinctes, d'après l'association des idées, et qu'on y joigne les adjectifs ou les verbes qui les accompagnent d'ordinaire, on aura sous les yeux et sous la main les éléments d'une conversation.

Ainsi avions-nous composé le plan et les fragments d'un livre des genres et des mots ; mais nos fonctions ne nous permettant pas de l'exécuter à loisir, nous avons confié l'ouvrage ébauché à M. Eguémann.

Il fallait encore dresser les listes, grouper les mots par analogies, séparer les simples des composés, rapprocher des substantifs les adjectifs et les verbes qui s'y rattachent ordinairement dans l'expression d'une pensée ; M. Eguémann a bien voulu prendre la responsabilité de ce travail.

Si nos maîtres adoptent cet ouvrage, ils pourront très-aisément en diriger et au besoin en modifier l'usage. Avec des débutants il convient de s'arrêter surtout aux mots simples et essentiels. (Avec des adultes il y a un grand intérêt à faire voir au contraire la série des composés à côté de la série des simples ; on les exercera donc sur la série complète.)

Les maîtres peuvent aussi établir un rapport entre les textes qu'ils font traduire et ces exercices de genre : il suffit pour cela de faire analyser et décliner les noms, ce qui aura pour résultat d'éveiller l'attention du lecteur et de lui ôter une illusion s'il croyait savoir l'allemand parce qu'il sait le traduire.

On retranchera donc les mots d'un emploi rare et l'on ajournera les composés ou plutôt on marquera d'un signe les mots qu'on veut graver d'abord dans la mémoire.

Un dernier mot à ce sujet. On s'étonne souvent de la difficulté que présente la langue allemande et l'on en donne pour preuve ce fait que des personnes capables de lire assez bien une page de Gœthe sont dans l'impossibilité de parler couramment. L'une des causes principales de ce phénomène très-ordinaire, c'est que dans la lecture d'un texte le genre vient à vous, tandis que pour pratiquer la langue, il faut aller à lui.

ÉMILE CHASLES.

DES RÈGLES DE LA DÉCLINAISON
ET DES RÈGLES POSSIBLES DU GENRE.

Deux questions considérables se rattachent nécessairement à celle du *Vocabulaire allemand* :

1° La question des règles fort contestées de la déclinaison ;
2° La question des règles possibles du genre.

Nous donnons ci-dessous deux extraits de notre grammaire inédite.

LE GENRE ALLEMAND.

Il n'existe pas un système complet de règles pour fixer le genre allemand ; néanmoins voici des faits généraux dont quelques-uns ont la force et la valeur de règles positives.

Le genre en allemand a été déterminé par quatre causes différentes :

1° Par le *sens des mots*. Les noms d'hommes sont masculins, les noms de femmes sont féminins ; les *noms génériques*, c'est-à-dire désignant un genre, une espèce, une catégorie, une collection, sont neutres.

Par analogie, les noms d'animaux ou les noms de choses tendent à se partager en trois séries, selon qu'ils expriment une idée de force, une idée de faiblesse ou une idée très-générale ;

2° Par la *formation des mots*. Les dérivés prennent des terminaisons caractéristiques qui indiquent régulièrement leur genre.

Par exemple, la terminaison ling marque le masculin.

Les terminaisons heit, keit, schaft, ung, ei, marquent le féminin.

Les terminaisons chen, lein, marquent le neutre ;

3° Par l'*origine des mots*. Exemples :

>Die Achsel, l'épaule, du féminin *axilla*;
>Das Siegel, le sceau, du neutre *s gillum*;

4° Par les *lois grammaticales*. Beaucoup de substantifs ne sont que des adjectifs, des verbes ou des termes de rapport pris substantivement. Exemple :

>Das Leben, le vivre, la vie ;
>Das Gute, le bon ; die Güte, la bonté ;
>Ein Kranker, un malade.

Ce sont alors les règles de la grammaire qui déterminent réellement leur genre, leur déclinaison et leur sens.

COMPOSÉS.

RÈGLE GÉNÉRALE. — Les composés gardent le genre de leur simple. Exemple :

>Der Stiefel, la botte ; der Halbstiefel, la bottine.

Quelques mots fort peu nombreux font exception à cette règle ou aux règles précédentes. Par exemple, les composés de Muth sont dominés par le sens ; d'autres mots, comme die Schildwache, sont au contraire, malgré leur sens, dominés par la terminaison.

Il faut noter ces faits comme des particularités et ne pas embarrasser les premières études par des remarques.

TYPES DES GENRES D'APRÈS LE SENS

MASCULINS	FÉMININS	NEUTRES

I. — PERSONNES ET PERSONNIFICATIONS

Le masculin et le féminin servent naturellement à distinguer les noms, les rôles, l'origine des *hommes* et des *femmes*.		Le neutre marque l'*espèce* et ses degrés (c'est-à-dire l'espèce en général, l'espèce diminutive ou l'espèce collective).
Friedrich — Frédéric	Luise — Louise	
der Mann — l'homme	die Frau — la femme	das Männchen — le petit homme
der Knabe — le garçon	die Magd — la servante	das Fräulein — la demoiselle
	die Braut — la fiancée	das Weib — la femme (en général)
der König — le roi	die Königin — la reine	
der Bauer — le paysan	die Bäuerin — la paysanne	das Kind — l'enfant
der Franzose — le Français	die Französin — la Française	das Mädchen — la fille
Gott — Dieu	die Göttin — la déesse	das Frauenzimmer — la femme
Zeus — Jupiter	Venus — Vénus	das Volk — le peuple

II. — NOMS DES ANIMAUX

der Bock — le bouc	die Ziege — la chèvre	das Roß — le coursier
der Hengst — le cheval	die Stute — la jument	das Pferd — le cheval
der Hahn — le coq	die Henne — la poule	das Huhn — la poule
Par analogie : Animaux forts ou actifs	Beaucoup d'animaux plus petits	Espèce et Collection
der Löwe — le lion	die Maus — la souris	das Wild — le gibier
der Tiger — l'ours	die Katze — le chat	das Vieh — le bétail
der Adler — l'aigle	die Fliege — la mouche	das Rind — le gros bétail

III. — CHOSES, PAYS, MONDE SENSIBLE

NOMS MÉTÉOROLOGIQUES PUISSANCES DE LA NATURE	CHOSES D'UN GENRE DOUX	NOMS D'ENSEMBLE ET D'ESPÈCE
1° Points cardinaux	1° Fleuves, Rivières	1° Pays
der Osten — l'est	die Donau — le Danube	das (alte) Germanien — la vieille Germanie
der Norden, etc. — le nord	die Mosel — la Moselle	das (alte) Deutschland — l'Allemagne
2° Phénomènes	die Oder — l'Oder	
der Wind — le vent	2° Plantes, Fleurs et Fruits	das (alte) Afrika — l'Afrique
der Zephyr — le zéphyr	die Pflanze — la plante	das (alte) Asien — l'Asie
der Nordwind — le vent du nord	die Blume — la fleur	2° Matières et Métaux (Espèce matérielle)
der Regen, etc. — la pluie	die Rose — la rose	
3° Saisons, Mois et Jours	die Nelke — l'œillet	das Holz — le bois
der Sommer — l'été	die Birne — la poire	das Salz — le sel
der Frühling — le printemps	die Weide — le saule	das Bier — la bière
der Herbst — l'automne	die Tanne — le sapin	das Gold — l'or
der Winter — l'hiver		das Silber — l'argent
der Januar — Janvier		das Eisen — le fer
der März, etc. — Mars		das Blei — le plomb

IV. — ACTIONS OU QUALITÉS

Idée particulière (force)	Idée particulière (douceur)	Idée générale
der Edelmuth — la générosité	die Güte — la bonté	das Trinken — le boire
	die Anmuth — la grâce	das Gute — le bon (idéal)
Ces derniers exemples, qui ont trait aux pensées mêmes, sont d'une nature très-délicate et ne peuvent pas servir de règles.		das große B — le B majuscule
		das Ich — le moi

TYPES DES GENRES D'APRÈS LA TERMINAISON

MASCULINS	FÉMININS	NEUTRES
Les Noms dérivés en ling (Règle)	Les Noms en heit et keit (Règle)	Les Diminutifs en chen et en lein
der Lehrling — l'apprenti der Säugling — le rejeton der Dichterling — le poëtereau	die Schönheit — la beauté die Tapferkeit — la bravoure die Kühnheit — la hardiesse die Gleichheit — l'égalité	das Häuschen — la maisonnette das Blümchen — la petite fleur das Gläschen — le petit verre das Wägelchen — la petite voiture
en ich, rich	die Höflichkeit — la politesse die Einigkeit — l'union die Bitterkeit — l'amertume die Kleinigkeit — la bagatelle	das Bächlein — le ruisseau das Büchlein — le livret das Vöglein — l'oiselet das Krüglein — le cruchon
der Kranich — la grue (die Ente — le canard) der Enterich — le canard mâle		
en ig	en schaft (Règle)	Les Noms en tel et stel
der Käfig — la cage	die Feindschaft — l'inimitié die Priesterschaft — le clergé die Wissenschaft — la science die Bürgerschaft — la bourgeoisie	das Drittel — le tiers das Viertel — le quart das Hundertstel — le centième
en er, en, el marquant l'agent (et souvent l'instrument)		La plupart des dérivés en sal et en sel
der Maler — le peintre der Fischer — le pêcheur der Jäger — le chasseur der Gärtner — le jardinier	en in die Freundin — l'amie die Löwin — la lionne die Gärtnerin — la jardinière	das Schicksal — la destinée das Scheusal — l'épouvantail das Räthsel — l'énigme
der Schlitten — le traîneau der Faden — le fil		
der Hebel — le levier der Schlüssel — la clef der Riegel — le verrou der Flügel — l'aile	en ung (Règle) die Stellung — la position die Kleidung — l'habillement die Erzählung — le récit die Erfahrung — l'expérience	La plupart des dérivés en thum et en niß
		das Alterthum — l'antiquité das Christenthum — la chrétienté das Kaiserthum — l'empire
en ist	en ei	das Zeugniß — le témoignage das Gleichniß — la parabole das Bedürfniß — le besoin
der Violinist — le violoniste der Flötist — le flûtiste	die Schäferei — la bergerie die Schmeichelei — la flatterie die Ziererei — la minauderie die Reiterei — la cavalerie	

NOMS PRÉCÉDÉS DU PRÉFIXE Ge

Quelques-uns sont masculins	Quelques-uns sont féminins	Ils sont neutres en majorité
der Genosse der Gefährte } le compagnon der Gespiele — le camarade	die Geduld — la patience die Geschichte — l'histoire die Gefahr — le danger	das Gebirge — les montagnes das Gewölke — les nuages das Gebot — l'ordre das Gefühl — le sentiment das Gebet — la prière
der Gebrauch — l'usage	die Geschwulst — l'enflure	
Dans ces deux cas, ils expriment une idée particulière.		Ils ont la valeur de collectifs.

LA DÉCLINAISON ALLEMANDE

I. TYPES ESSENTIELS.

La déclinaison allemande est fondée sur le genre.
Il y a trois genres, il y a trois déclinaisons.

	MASCULINS	NEUTRES	FÉMININS
Nominatif...	der Sohn, le fils	das Buch, le livre	die Frau, la femme
Génitif......	des Sohn (e) s	des Buch (e) s	der Frau
Datif.......	dem Sohn (e)	dem Buch (e)	der Frau
Accusatif....	den Sohn	das Buch	die Frau
Nominatif...	die Söhne	die Bücher	die Frauen
Génitif......	der Söhne	der Bücher	der Frauen
Datif.......	den Söhnen	den Büchern	den Frauen
Accusatif....	die Söhne	die Bücher	die Frauen

II. TYPES SECONDAIRES.

Déclinaison euphonique.

L'e est obligatoire pour adoucir les combinaisons trop dures :

Der Busch, des Busches. | Das Glas, des Glases.

L'e se supprime quand il adoucirait un mot déjà doux :

| Der Adler | Das Laster | Die Fabel |
| Die Adler | Die Laster | Die Fabeln |

RÈGLE. — On supprime l'e de la terminaison et l'e de l'adoucissement dans les noms en el, en, er.

Déclinaison adjective.

Beaucoup d'adjectifs masculins pris substantivement se déclinent comme l'adjectif épithète :

	SINGULIER	PLURIEL
N.	Der Knabe	Die Knaben
G.	Des Knaben	Der Knaben
D.	Dem Knaben	Den Knaben
A.	Den Knaben	Die Knaben

EXCEPTIONS

Telles sont les règles fondamentales de la déclinaison allemande. Les pluriels qui se déclinent autrement forment exception.

La plus importante des exceptions est celle de la *déclinaison restreinte*, qui, au pluriel masculin et neutre, prend e sans adoucissement. Exemple :

Déclinaison restreinte.

	SINGULIER	PLURIEL
N.	Tag	Tage
G.	Tages	Tage
D.	Tage	Tagen
A.	Tag	Tage

AVIS. — Nous signalerons entre parenthèses les pluriels d'exception ou les formes susceptibles d'embarrasser l'élève.

LES MOTS ET LES GENRES

Die Schule

Männliche Namen — NOMS MASCULINS

der Lehrer	le maître
der Schüler	l'élève
der Tisch	la table
der Stuhl	la chaise
der Ofen	le fourneau, poêle
der Lappen (—)	le torchon
der Schwamm	l'éponge
der Schiefer	l'ardoise
der Griffel	le crayon d'ardoise
der Sand (s. pl.)	le sable
der Flecken	la tache
der Spalt	la fente
der Spalter (—)	le fendoir
der Sack	} le sac
der Tornister	
der Brief	la lettre (missive)
der Entwurf	le brouillon
der Aufsatz	la composition
der Fehler	la faute
der Strich	le trait

der Kachelofen	le poêle en terre
der Bleistift	le crayon
der Schieferstein	l'ardoise (pierre)
der Streusand, (s.pl.)	la poudre
der Goldsand, (s. pl.)	la poudre d'or
der Tintenflecken	la tache d'encre
der Federhalter	le porte-plume
der Siegellack (s. pl.)	la cire à cacheter
der Pappendeckel	le carton
der Buchstaben (—)	la lettre (d'alphabet)

Weibliche Namen — NOMS FÉMININS

die Lehrerin (—nen)	la maîtresse
die Schülerin (—nen)	l'écolière
die Schule	l'école
die Klasse	la classe
die Bank (¨ e)	le banc
die Feder	la plume
die Spitze	la pointe
die Tinte	l'encre
die Tafel	le tableau
die Kreide	la craie
die Schrift	l'écriture
die Seite	la page
die Zeile	la ligne
die Mappe	le portefeuille (serviette)
die Oblate	le pain à cacheter
die Adresse	l'adresse
die Ferien (pl.)	les vacances

die Gänsefeder	la plume d'oie
die Stahlfeder	la plume d'acier
die Abschrift	la copie
die Reinschrift	le corrigé
die Vorschrift	le modèle d'écriture
die Strafarbeit	le pensum
die Landkarte	la carte géographique
die Brieftasche	le portefeuille
die Sandbüchse	le sablier
die Freimarke	le timbre-poste
die Freistunde	la récréation
die Freistelle	la bourse
die Versetzung	la promotion

ET LES GENRES

L'ÉCOLE

Sächliche Namen — NOMS NEUTRES		Beiwörter — ADJECTIFS	
das Buch	le livre	gut	bon
das Wort	le mot	strenge	sévère
das Heft (—e)	le cahier	artig	sage
das Papier (—e)	le papier	unartig	méchant
das Blatt	la feuille	fleißig	appliqué
das Buch	la main (de papier)	träge	paresseux
das Rieß (—e)	la rame	höflich	poli
das Lineal (—e)	la règle	schwarz	noir
das Pult (—e)	le pupitre	weiß	blanc
das Gestell (—e)	le chevalet	roth	rouge
das Catheder (—)	la chaire	rund	rond
das Siegel (—)	le cachet	viereckig	carré
das Petschaft (—e)		Zeitwörter — VERBES	
das Couvert (—s)	l'enveloppe	lehren	enseigner
das Klebecouvert (—s)	l'enveloppe gommée	lernen	apprendre
das Datum (—en)	la date	Stunden geben (a, e)	donner des leçons
das Schulhaus	la maison d'école	Stunden nehmen (nahm, genommen)	prendre des leçons
das Lesebuch	le livre de lecture	buchstabiren	épeler
das Gesangbuch	le livre de cantiques	lesen (a, e)	lire
das Gebetbuch	le livre de prières	schreiben (ie, ie)	écrire
das Wörterbuch	le dictionnaire	in's Reine schreiben	copier au net
das Schreibbuch	le cahier	sudeln	griffonner
das Postpapier	le papier à lettre	liniiren	régler
das Fließpapier, das Löschpapier	le papier buvard	rechnen	calculer
		übersetzen	traduire
das Schreibzeug (—e)	l'écritoire	verbessern	corriger
das Tintenfaß	l'encrier	unterstreichen (i, i)	souligner
		loben	louer
das Federmesser	le canif	schelten (a, o)	gronder
das Radirmesser	le grattoir	strafen	punir
das Papiermesser	le couteau à papier	belohnen	récompenser

LES MOTS

Die Wohnstube

Männliche Namen		Weibliche Namen	
der Boden (—)	le plancher	die Stube	la chambre (d'habitation)
der Tisch	la table	die Decke	le plafond
der Stuhl	la chaise	die Thür	la porte
der Sessel	le fauteuil	die Schelle	la sonnette
der Schämel	l'escabeau	die Uhr	la pendule
der Divan (—s)	le divan	die Schnur (¨ e)	le cordon
der Schrank	l'armoire	die Wand (¨ e)	la paroi
der Kasten (—)	la caisse, le coffre	die Mauer	le mur
der Spiegel	le miroir	die Scheibe	la vitre
der Rahmen (—)	le cadre	die Lehne	le dossier
der Kitt (s. pl.)	le mastic	die Schaufel	la pelle
der Leuchter	le chandelier	die Zange	les tenailles
der Docht (—e)	la mèche	die Kohle	le charbon
der Rauch (s. pl.)	la fumée	die Asche	la cendre
der Ruß (s. pl.)	la suie	die Fackel	le flambeau
der Sekretär	le secrétaire	die Commode	la commode
der Teppich	le tapis	die Lampe	la lampe
		die Flamme	la flamme
der Fußboden	le plancher	die Vase	le vase
der Spieltisch	la table de jeu	die Tapete	la tapisserie
der Schreibtisch	le bureau	die Garnitur	la garniture
der Lehnstuhl	} le fauteuil	die Stubenthür	la porte de la chambre
der Armstuhl		die Schublade	le tiroir
der Polsterstuhl	la chaise rembourrée	die Wanduhr	la pendule murale
der Glasschrank	l'armoire vitrée	die Standuhr	{ la pendule (qu'on pose sur un meuble)
der Tellerschrank	le buffet		
der Bücherschrank	la bibliothèque	die Glaskugel	le globe en verre
der Kupferstich	la gravure	die Scheidewand (¨ e)	la cloison
der Lichtschirm	l'abat-jour	die spanische Wand (¨ e)	le paravent
der Feuerschirm	l'écran	die Feuerschaufel	la pelle à feu
der Feuerbock	le chenet	die Feuerzange	les pincettes
der Blasebalg	le soufflet	die Steinkohlen (pl.)	la houille

LA CHAMBRE D'HABITATION

Sächliche Namen		Beiwörter	
das Zimmer	la chambre	groß	grand
das Getäfel	la boiserie	klein	petit
das Fenster	la fenêtre	hoch	haut
das Kamin (—e)	la cheminée	niedrig	bas
das Holz (s. pl.)	le bois	offen	ouvert
das Scheit	la bûche	luftig	aéré
das Feuer	le feu	geheizt	chauffé
das Becken	le bassin	tapezirt	tapissé
das Gemälde	le tableau	voll Rauch	enfumé
das Bild	l'image		
das Bildniß (—sse)	le portrait	Zeitwörter	
das Kissen	le coussin	wohnen	demeurer
das Haar (—e)	le poil, cheveu	bewohnen	habiter
das Sofa (—)	le sopha	kehren	balayer
das Kanapee (—)	le canapé	waschen (u, a)	laver
das Büffet (—s)	le buffet	wichsen	cirer
das Klavier (—e)	le piano	aus-lüften	aérer
das Tabourett (—e)	le tabouret	heizen	chauffer
das Porträt (—s)	le portrait	weißen	blanchir
das Mobilar (s. pl.)	le mobilier	schwärzen	noircir
das Möbel	le meuble	vertäfeln	lambrisser
		an-klopfen	frapper (à la porte)
		öffnen	ouvrir
das Pferdehaar (—e)	le crin	schließen (o, o)	fermer
das Stuhlbein (—e)	le pied de la chaise	auf-ziehen (zog, gezogen)	remonter
das Tischbein (—e)	le pied de la table	spielen	jouer
das Oelgemälde	la peinture à l'huile	an-zünden	allumer
das Kohlenbecken	la chaufferette	aus-löschen (o, o)	éteindre (rég. dans le sens actif)
das Speikästchen	le crachoir		
das Schwefelhölzchen	l'allumette soufrée	an-blasen (ie, a)	souffler (pour allumer)
das Zündhölzchen	} l'allumette chimique	aus-blasen (ie, a)	souffler (pour éteindre)
das Streichhölzchen		rauchen	fumer
		fegen (das Kamin)	ramoner

Das Schlafzimmer

Männliche Namen		Weibliche Namen	
der Schlüssel	la clef	die Thür	la porte
der Riegel	le verrou	die Klinke	le loquet
der Alkoven (—)	l'alcôve	die Angel	le gond
der Topf	le pot	die Wiege	le berceau
der Krug	la cruche	die Schraube	la vis
der Kamm	le peigne	die Rolle	la roulette
der Bart	la barbe	die Zieche	la taie
der Backen	la joue	die Wolle	la laine
der Zahn	la dent	die Bürste	la brosse
der Zunder	l'amadou	die Wichse	le cirage
		die Seife	le savon
der Kleiderriegel	le porte-manteau	die Hand (¨ e)	la main
der Vorhang	le rideau	die Pommade	la pommade
der Kissenüberzug	la taie d'oreiller	die Locke	la boucle
der Ueberzug (—)	la housse		
der Bettstollen	le pied du lit	die Steppdecke	la courte-pointe
der Bettboden	le fond du lit	die Bettlade	le bois de lit
der Betthimmel	le ciel de lit	die Bettdecke	la couverture
der Bettwärmer	le moine (bassinoire)	die Bettflasche	la bassinoire
der Strohsack	la paillasse	die Matratze	le matelas
der Putztisch	la toilette	die Springfedermatratze	le sommier élastique
der Lichttisch	le guéridon	die Strohmatte	le paillasson
der Nachttisch	la table de nuit	die Nachtlampe	la veilleuse
der Nachttopf	le vase de nuit	die Hängelampe	la suspension
der Nachtstuhl	la chaise percée	die Lichtscheere	les mouchettes
der Handleuchter	le bougeoir	die Lichtschnuppe	le lumignon
der Feuerstein	la pierre à feu	die Zahnbürste	la brosse à dents
der Feuerstahl	le briquet	die Nagelbürste	la brosse à ongles
der Wasserkrug	le pot à eau	die Haarbürste	la brosse à cheveux
der Ohrenlöffel	le cure-oreille	die Kleiderbürste	la brosse à habits
der Zahnstöcher	le cure-dents	die Wichsbürste	la brosse à cirer
der Backenbart	les favoris		
der Schnurrbart	la moustache		

LA CHAMBRE A COUCHER

Sächliche Namen

das Schloß	la serrure
das Bett (—en)	le lit
das Kissen	le coussin
das Stroh (s. pl.)	la paille
das Gras	l'herbe
das Haar (—e)	le poil, cheveu
das Wasser	l'eau
das Gesicht	le visage
das Ohr (—en)	l'oreille
das Pulver	la poudre
das Licht	la lumière
das Bettgestell (—e)	la couchette (en fer ou en bois)
das Deckbett (—en)	le lit de duvet
das Federbett (—en)	le lit de plumes
das Bettuch / das Leintuch	le drap de lit
das Handtuch	l'essuie-mains
das Taschentuch	le mouchoir
das Kopfkissen	l'oreiller, le chevet
das Querkissen	le traversin
das Roßhaar (—e)	le crin
das Wachslicht	la bougie
das Talglicht	la chandelle
das Gaslicht	le gaz
das Löschhörnchen	l'éteignoir
das Streichhölzchen	l'allumette
das Schuhhorn	le chausse-pied
das Zahnpulver	la poudre dentifrice
das Waschbecken	la cuvette
das Rasirmesser	le rasoir

Beiwörter

möblirt	meublé
rein	propre
unrein	malpropre
dunkel	sombre
hell	clair
hart	dur
weich	mou
schläferig	qui a sommeil
wach	éveillé
bettlägerig	alité
früh	de bon matin
spät	tard

Zeitwörter

auf-räumen	ranger (une chambre)
vermiethen	louer (donner)
miethen	louer (prendre)
betten	faire le lit
in's Bette gehen (ging, gegangen)	aller au lit
gähnen	bâiller
schlummern	sommeiller
schlafen (ie, a)	dormir
träumen	rêver
schnarchen	ronfler
erwachen	se réveiller
wecken	réveiller
auf-stehen, (stand, gestanden)	se lever
sich waschen (u, a)	se laver
sich kämmen	se peigner
sich bürsten	se brosser
sich an-ziehen (zog, gezogen)	s'habiller
sich aus-ziehen	se déshabiller
grüßen	saluer

Küche und Keller

Männliche Namen		Weibliche Namen	
der Koch	le cuisinier	die Küche	la cuisine
der Herd	l'âtre, le foyer	die Köchin (—nen)	la cuisinière
der Rost	le gril	die Kasserolle	la casserole
der Löffel	la cuiller	die Platte	le plat
der Braten (—)	le rôti	die Schüssel	
der Kessel	le chaudron, la marmite	die Kanne	le pot à anse
der Topf	le pot	die Kachel	le pot, le carreau (à poêle)
der Hafen			
der Deckel	le couvercle	die Seihe	la passoire
der Mörser	le mortier	die Brause	la pomme d'un arrosoir
der Napf	l'écuelle	die Laterne	la lanterne
der Kübel	le baquet	die Welle	le fagot
der Eimer	le seau	die Kohle	le charbon
der Korb	la corbeille, le panier	die Kufe	la cuve
der Trichter	l'entonnoir	die Daube	la douve
der Reif	le cercle (d'un tonneau)	die Kelter	le pressoir
der Boden	le fond (d'un tonneau)	die Trotte	
der Hahn	le robinet	die Schraube	la vis
der Spund	le bondon	die Bohle	le madrier
der Zapfen	le bouchon	die Rebe	la vigne
der Most	le moût	die Traube	le raisin
der Wein	le vin		
		die Suppenschüssel	la soupière
der Kochlöffel	la cuiller à pot	die Kaffeemühle	le moulin à **café**
der Schaumlöffel	l'écumoire	die Kaffeekanne	la cafetière
der Anrichtlöffel	la cuiller à dresser	die Theekanne	la théière
der Bratenwender	le tourne-broche	die Milchkanne	le pot au lait
der Bratspieß	la broche	die Gießkanne	l'arrosoir
der Kesselhaken (—)	la crémaillère	die Milchseihe	la passoire (pour le lait)
der Fleischtopf	la marmite	die Holzwelle	le fagot de bois
der Wasserstein	l'évier	die Rebwelle	la javelle
der Weinstein	la tartre	die Holzkohle	le charbon de bois
der Tragkorb	la hotte	die Steinkohle	la houille
der Rebstock	le pied de vigne	die Küchenlampe	la lampe de cuisine
der Hackblock (¨e)	le billot	die Kelterschraube	la vis de pressoir

CUISINE ET CAVE

Sächliche Namen		Beiwörter	
das Kamin (—e)	la cheminée	flach	plat
das Holz	le bois	tief	profond
das Feuer	le feu	hohl	creux
das Gas (—e)	le gaz	warm	chaud
das Geschirr (—e)	la vaisselle	kalt	froid
das Eisen (—)	le fer	frisch	frais
das Messer	le couteau	alt	vieux
das Brett	la planche	neu	neuf, nouveau
das Fuder (—)	le foudre	siedend	bouillant
das Faß	le tonneau	glühend	brûlant
das Loch	le trou	voll	plein
		leer	vide
das Ofenrohr (—e)	le tuyau de poêle		
das Brennholz (s. pl.)	le bois à brûler		
das Gaslicht	la lumière de gaz	Zeitwörter	
das Gasfeuer	le feu de gaz	brennen	
das Feuerzeug (—e)	le briquet	(brannte, gebrannt)	brûler
das Küchengeschirr (—e)	la vaisselle de cuisine	rauchen	fumer
das Tischgeschirr (—e)	la vaisselle de table	kochen	cuire
das Porzellangeschirr (-e)	la vaisselle de porcelaine	sieden (ott, ott)	faire bouillir
das Zinngeschirr (—e)	la vaisselle d'étain	rühren	remuer
das Silbergeschirr (—e)	la vaisselle d'argent	an-richten	dresser (un mets)
das Goldgeschirr (—e)	la vaisselle d'or	rösten	griller
das Reibeisen	la râpe	braten (ie, a)	rôtir
das Küchenmesser	le couteau de cuisine	backen (u, a)	cuire au four, frire
das Hackmesser	le couperet	auf-waschen (u, a)	relaver
das Hackbrett	le hachoir	ab-trocknen	essuyer
das Seihtuch	le filtre de drap	seihen	filtrer
das Bierfaß	le tonneau à bière	spalten	fendre
das Weinfaß	le tonneau à vin	hacken	hacher
das Essigfaß	le tonneau à vinaigre	trotten	pressurer
das Spundloch	} la bonde	gähren	fermenter
das Zapfenloch		an-stechen (a, o)	mettre en perce
		ab-lassen (ie, a)	soutirer

Tafel und Tischgeschirr

Männliche Namen		Weibliche Namen	
der Aufwärter	le garçon	die Aufwärterin (—nen)	la fille qui sert
der Tisch	la table	die Platte	le plat
der Teller	l'assiette	die Gabel	la fourchette
der Löffel	la cuiller	die Zinke	la dent
der Stiel	le manche	die Spitze	la pointe
der Becher	le gobelet	die Klinge	la lame
der Stöpsel	le bouchon	die Schneide	le tranchant
der Pfropf		die Flasche	la bouteille
der Wein	le vin	die Kanne	le pot
der Senf (s. pl.)	la moutarde	die Tasse	la tasse
der Salat (—e)	la salade	die Schale	
der Essig	le vinaigre	die Büchse	la boîte
der Pfeffer (s. pl.)	le poivre	die Kruste	la croûte
der Käse (—)	le fromage	die Krumme	la mie
der Kuchen (—)	le gâteau	die Kukummer	le concombre
der Zucker (—)	le sucre	die Gurke	
der Kaffee (s. pl.)	le café	die Milch	le lait
der Thee (s. pl.)	le thé	die Butter	le beurre
der Rahm (s. pl.)	la crème	die Creme	la crème (au sucre)
der Punsch (s. pl.)	le punch	die Chocolade	le chocolat
		die Limonade	la limonade
der Suppenteller	l'assiette à soupe	die Makrone	le macaron
der Dessertteller	l'assiette à dessert	die Praline	la praline
der Suppenlöffel	la cuiller à soupe	die Mandel	l'amande
der Kaffeelöffel	la cuiller à café		
der Pfropfzieher	le tire-bouchon	die Wasserflasche	la carafe
der Nußknacker (—)	le casse-noisette	die Essigflasche	le vinaigrier
der Apfelwein	le cidre	die Oelflasche	l'huilier
der Birnwein	le poiré	die Untertasse	la soucoupe
der Branntwein	l'eau-de-vie	die Bierkanne	la cannette (à bière)
der Glühwein	le vin chaud	die Handhabe	l'anse
der Senftopf	le moutardier	die Zuckerbüchse	le sucrier
der Monatrettig	le radis	die Pfefferbüchse	le poivrier
der Meerrettig (s. pl.)	le raifort	die Pfeffergurke	le cornichon
der Nachtisch (s. pl.)	le dessert	die Brodkruste	la croûte du pain

TABLE ET VAISSELLE DE TABLE

Sächliche Namen		Beiwörter	
das Geschirr (—e)	la vaisselle	lang	long
das Gedeck (—e)	le couvert (nappe et serviette)	breit	large
		rund	rond
das Gericht (—e)	le mets	sauber	propre
das Getränke (—)	la boisson	scharf	tranchant
das Gebäck (s. pl.)	la pâtisserie	spitzig	pointu
das Besteck (—e)	le couvert (cuiller et fourchette)	süß	doux
		sauer	aigre
das Messer (—)	le couteau	säuerlich	aigrelet
das Heft (—e)	le manche	bitter	amer
das Glas	le verre	lecker	friand, délicat
das Gläschen (—)	le petit verre	naschhaft	qui aime les friandises
das Brod (—e)	le pain	mäßig	sobre
das Wasser (—)	l'eau	betrunken	ivre
das Bier (—e)	la bière	satt	rassasié
das Oel (—e)	l'huile		
das Salz (—e)	le sel		
das Muß (—e)	la marmelade	Zeitwörter	
das Obst (s. pl.)	les fruits	den Tisch decken	mettre la table
das Eis (s. pl.)	la glace	auf-tragen (u, a)	servir
das Confect (s. pl.)	la confiture, sucreries	an-schneiden (itt, itt)	entamer
		zerschneiden	découper
das Nebengericht (—e)	l'entremets	essen (aß, gegessen)	manger
das Tischzeug (s. pl.)	le linge de table	sich bedienen	se servir
das Tischtuch	la nappe	frühstücken	déjeuner
das Tellertuch	la serviette	zu Mittag essen	dîner
das Dessertmesser (—)	le couteau à dessert	zu Abend essen	souper
das Schampagnerglas	le verre à champagne	schwenken	rincer
das Weißbrod (s. pl.)	le pain blanc	auf-pfropfen	déboucher (une bouteille)
das Schwarzbrod (s. pl.)	le pain noir	zu-pfropfen	boucher (une bouteille)
das Brodkrüstchen (—)	le croûton	ein-schenken	verser à boire
das Nußöl (s. pl.)	l'huile de noix	an-stoßen (ie, o)	trinquer
das Baumöl (s. pl.)	l'huile d'olives	trinken (a, u)	boire
das Salzfaß	la salière	leeren	vider
das Butterfaß	la baratte	sich betrinken (a, u)	s'enivrer
das Vanille-Eis	la glace à la vanille	sich sättigen	se rassasier
das Zuckerwasser	l'eau sucrée	an-machen	assaisonner (la salade)

Speisen und Gewürze

Männliche Namen

der Wirth	l'amphytrion
der Gast	l'hôte
der Hunger (s. pl.)	la faim
der Durst (s. pl.)	la soif
der Braten (—)	le rôti
der Schinken (—)	le jambon
der Speck (s. pl.)	le lard
der Kohl (s. pl.)	le chou
der Spinat (s. pl.)	les épinards
der Spargel (— n)	l'asperge
der Reis (s. pl.)	le riz
der Schwamm	le champignon
der Trüffel	la truffe
der Fisch	le poisson
der Rochen (—)	la raie
der Krebs	l'écrevisse
der Zimmt (s. pl.)	la cannelle
der Lauch (s. pl.)	le poireau
der Zelleri (s. pl.)	le céleri
der Kerbel (s. pl.)	le cerfeuil

der Hasenbraten (—)	le rôti de lièvre
der Kalbsbug	l'épaule de veau
der Rehziemer	le filet de chevreuil
der Kalbskopf	la tête de veau
der Hammelschlägel (—)	le gigot de mouton
der Schweinsfuß	le pied de cochon
der Kinnbacken (—)	la mâchoire
der Kohlkopf	la tête de chou
der Blumenkohl (s. pl.)	le chou-fleur
der Sauerampfer (s. pl.)	l'oseille
der Knoblauch (s. pl.)	l'ail
der Schnittlauch (s. pl.)	la ciboulette
der Eierkuchen (—)	la vote
der Lebkuchen (—)	le pain d'épices

Weibliche Namen

die Speise	le mets
die Suppe	la soupe
die Brühe	la sauce, le bouillon
die Wurst ("e)	la saucisse
die Schnitte	la tranche
die Niere	le rognon
die Zunge	la langue
die Leber	le foie
die Griebe	le creton
die Kaldaunen	les tripes
die Kutteln	
die Erbse	le pois
die Bohne	le haricot
die Linse	la lentille
die Nudel	la nouille
die Kartoffel	la pomme de terre
die Artischocke	l'artichaut
die Forelle	la truite
die Sole	la sole
die Sardelle	la sardine
die Kresse (s. pl.)	le cresson
die Petersilie (s. pl.)	le persil
die Zwiebel	l'oignon
die Schalotte	l'échalote
die Torte	la tarte
die Pastete	le pâté

die Mahlzeit	le repas
die Fleischsuppe	la soupe grasse
die Fleischbrühe	le bouillon gras
die Kraftbrühe	le consommé
die Kalbsbrust (—e)	la poitrine de veau
die Blutwurst ("e)	le boudin
die Magenwurst ("e)	l'andouille
die Muskatnuß ("e)	la muscade

METS ET ASSAISONNEMENTS

Sächliche Namen

das Fleisch (s. pl.)	la viande
das Stück (—e)	le morceau
das Pfund (—e)	la livre
das Herz (—en)	le cœur
das Rippchen	la côtelette
das Bröschen	le ris de veau
das Brod (—e)	le pain
das Mehl (s. pl.)	la farine
das Kraut	les choux
das Gemüse	le légume
das Geflügel	la volaille
das Ei	l'œuf
das Huhn	la poule
das Reh (—e)	le chevreuil
das Füllsel (s. pl.)	la farce
das Fett (s. pl.)	la graisse
das Schmalz (s. pl.)	le saindoux
das Pastetchen (—)	le petit pâté
das Sträubchen	le beignet
das Gallert (s. pl.)	la gelée
das Gewürze	l'assaisonnement, les épices

das Frühstück (—e)	le déjeuner
das Mittagsessen	le dîner
das Abendessen	le goûter
das Nachtessen	le souper
Rindfleisch (s. pl.)	viande de bœuf
Hammelfleisch (s. pl.)	— de mouton
Schweinefleisch (s. pl.)	— de porc
Kalbfleisch (s. pl.)	— de veau
das Sauerkraut (s. pl.)	la choucroute
das Rebhuhn	la perdrix
das Wildpret (s. pl.)	la venaison
das Gewürznäglein	le clou de girofle
das Eiweiß (s. pl.)	le blanc d'œuf

Beiwörter

hungrig	affamé
durstig	altéré
frisch	frais
mürbe	tendre
zäh	coriace, dur
fett	gras
mager	maigre
schimmelig	moisi
brenzlich	qui sent le brûlé
angebrannt	brûlé
gedämpft	à la daube
fricassirt	fricassé
theuer	cher
wohlfeil	bon marché

Zeitwörter

beizen	mariner
spicken	piquer, entrelarder
räuchern	fumer (qqe chose)
schälen	peler
reinigen	nettoyer
aus-lesen, (a, e)	trier, éplucher
rupfen	plumer, arracher
aus-machen	écosser
aus-schmelzen	fondre (beurre)
schmälzen	mettre de la graisse dans...
versuchen (schmecken)	goûter
kochen	cuire
braten (ie, a)	rôtir
backen (u, a)	cuire au four (ou frire)
kaufen	acheter
verkaufen	vendre
wägen	peser
messen	mesurer
kosten	coûter
bezahlen	payer

Haus, Hof und Nebengebäude

Männliche Namen		Weibliche Namen	
der Flügel	le pavillon, l'aile	die Wohnung	la demeure
der Giebel	le pignon	die Hütte	la cabane
der Altan (—e)	le balcon	die Thür	la porte
der Gang	le corridor	die Schwelle	le seuil
der Saal	le salon, salle	die Platte	la dalle
der Stock	l'étage	die Treppe	} l'escalier
der Boden	le grenier	die Stiege	
der Balken (—)	la poutre	die Lehne	la rampe
der Sparren (—)	le chevron	die Stufe	} la marche
der Ziegel	la tuile	die Staffel	
der Laden (—)	{ le volet (Voir les composés.)	die Wand (¨ e)	la paroi
der Schoppen (—)	la remise	die Mauer	le mur
der Hof	la cour	die Terrasse	la terrasse
der Brunnen	le puits	die Traufe	la gouttière
der Kolben (—)	le piston	die Latte	la latte
der Abtritt	les latrines	die Schindel	le bardeau
der Mist	le fumier	die Scheune	la grange
der Kalk (s. pl.)	la chaux	die Tenne	l'aire
der Sand (s. pl.)	le sable	die Leiter	l'échelle
der Mörtel	le mortier	die Sprosse	l'échelon
der Dachstuhl	le comble	die Raufe	le râtelier
der Schornstein	la cheminée	die Krippe	la crèche
der Backstein	la brique	die Streu	la litière
der Hohlziegel	la tuile faîtière	die Lache	la mare
der Blitzableiter	le paratonnerre	die Grube	la fosse
der Pferdestall	l'écurie		
der Kuhstall	l'étable à vaches	die Strohhütte	la chaumière
der Freßtrog	la mangeoire	die Gitterthür	la porte à jour
der Ziehbrunnen	le puits à chaînes	die Hausflur	le vestibule
der Pumpbrunnen	la pompe	die Wetterfahne	la girouette
der Springbrunnen	le jet d'eau	die Dachstube	la mansarde
der Taubenschlag	le colombier		
der Fensterladen	le volet	die Senkgrube	la fosse au purin
der Windladen	le contrevent	die Mistgrube	la fosse au fumier

MAISON, COUR ET DÉPENDANCES

Sächliche Namen		Beiwörter	
das Gebäude	le bâtiment	geräumig	spacieux
das Schloß	le château	bequem	commode
das Haus	la maison	eng	étroit
das Fundament (—e)	les fondements	baufällig	délabré
das Dach	le toit	einstöckig	à un étage
das Stroh (s. pl.)	la paille	mehrstöckig	à plusieurs étages
das Gebälk (—e)	la charpente	verziert	décoré
das Geländer	la balustrade	bemalt	peint
das Gewölbe	la voûte	weiß	blanc
das Thor (—e)	la porte	roth	rouge
das Gatter (—)	le treillis	gelb	jaune
das Gitter	le grillage	grau	gris
		blau	bleu
das Hauptgebäude	le corps de bâtiment	braun	brun
Nebengebäude	la dépendance	grün	vert
das Lusthaus	la maison de plaisance		
das Gartenhaus	le pavillon	Zeitwörter	
das Erdgeschoß (—e)	le rez-de-chaussée	bauen	bâtir
das Bauholz	le bois de construction	bauen lassen (ie, a)	faire bâtir
das Strohdach	le toit de chaume	decken	couvrir
das Ziegeldach	le toit en tuiles	ab-decken	découvrir
das Schieferdach	le toit en ardoises	um-reißen (i, i)	démolir
das Zinkdach	le toit en zinc	ein-stürzen	s'écrouler
das Altandach	le toit en terrasse	bewerfen (a, o)	crépir
das Schirmdach	l'appentis	an-streichen (i, i)	badigeonner
das Dachwerk (—e)	la toiture	vergittern	treillisser
das Dachfenster	la lucarne	umgeben (a, e)	entourer
das Dachzimmer	la mansarde	Wasser schöpfen	puiser de l'eau
das Dachloch	l'œil-de-bœuf	füllen	remplir
das Kellerloch	le soupirail	leeren	vider
das Luftloch		ein-ziehen (zog, gezogen)	emménager
das Hofthor	la porte cochère	aus-ziehen	déménager
das Vorhängeschloß	le cadenas	auf-künden	donner congé
		den Stall misten	enlever le fumier

Der Meierhof

Männliche Namen

der Bauer (— n)	le paysan
der Pachter (—)	le fermier
der Melker	celui qui trait les vaches
der Mäher	le faucheur
der Schnitter	le moissonneur
der Winzer	le vigneron
der Knecht	le domestique
der Stall	l'étable
der Speicher	le grenier (lieu où l'on serre le blé)
der Acker (¨)	le champ
der Dünger	l'engrais
der Mist	le fumier
der Wagen (—)	la voiture
der Karren (—)	la charrette (ou brouette)
der Pflug	la charrue
der Karst	la pioche
der Spaten (—)	la bêche
der Rechen	le râteau
der Hammer	le marteau
der Nagel (¨)	le clou
der Keil	le coin
der Ochs (— en)	le bœuf
der Esel	l'âne
der Hund (— e)	le chien
der Hahn	le coq
der Garten	le jardin
der Zaun	la haie
der Tagelohn (s. pl.)	le salaire
der Meierhof	la ferme
der Pachthof	
der Hühnerhof	la basse-cour
der Heuboden (—)	le grenier à foin
der Dreschflegel	le fléau
der Dengelhammer	le marteau à battre la faux
der Wetzstein	la pierre à aiguiser

Weibliche Namen

die Bäuerin (— nen)	la paysanne
die Pachterin (— nen)	la fermière
die Schnitterin (— nen)	la moissonneuse
die Magd (¨ e)	la servante
die Scheune	la grange
die Wiese	la prairie
die Schar	le soc
die Egge	la herse
die Walze	le rouleau
die Ernte	la moisson
die Sense	la faux
die Sichel	la faucille
die Garbe	la gerbe
die Wanne	le van
die Spreu	les balles du blé
die Kleie	le son
die Haue	la houe
die Reute	le hoyau
die Zange	les tenailles
die Axt	la hache
die Säge	la scie
die Leiter	l'échelle
die Kette	la chaîne
die Kuh (¨ e)	la vache
die Ziege	la chèvre
die Gans (¨ e)	l'oie
die Ente	le canard
die Henne	la poule
die Taube	le pigeon
die Laube	le berceau
die Wabe	le rayon de miel
die Milchfrau	la laitière
die Milchkammer	la laiterie
die Weinleserin (— nen)	la vendangeuse
die Taglöhnerin (— nen)	la journalière

LA FERME

Sächliche Namen

das Gebäude	le bâtiment
das Haus	la maison
das Feld	le champ, la campagne
das Land	le champ, la campagne
das Getreide	le blé
das Korn	le grain
das Sech (—e)	le coutre
das Sieb (—e)	le crible
das Gras	l'herbe
das Heu (s. pl.)	le foin
das Bund (—e)	la botte
das Stroh (s. pl.)	la paille
das Futter (s. pl.)	le fourrage
das Seil (—e)	la corde
das Vieh (s. pl.)	le bétail
das Pferd (—e)	le cheval
das Kalb	le veau
das Schwein (—e)	le porc
das Schaf (—e)	la brebis
das Huhn	la poule
das Beil (—e)	la cognée

das Bauernhaus	la maison de paysan
das Landhaus	la maison de campagne
das Bienenhaus	le rucher
das Rebmesser	la serpette
das Gartenmesser	la serpe

Biwörter

thätig	actif
arbeitsam	laborieux
müde	fatigué
faul	paresseux
stark	fort
schwach	faible
vorsichtig	prévoyant
unvorsichtig	imprévoyant

Beiwörter

zufrieden	content
reif	mûr
grün	vert
gelb	jaune
trocken	sec
feucht	humide
naß	mouillé
schwer	lourd
blumig	fleuri
fett	gras
mager	maigre

Zeitwörter

arbeiten	travailler
pflanzen	planter
hacken	piocher
aus-reuten	défricher
pflügen	labourer
eggen	herser
säen	semer
reifen	mûrir
mähen	faucher
wetzen	aiguiser
dengeln	battre la faux
ernten	moissonner
binden (a, u)	mettre en gerbes
ein-fahren (u, a)	engranger
dreschen (o, o)	battre en grange
mahlen (rég. a)	moudre
an-spannen	atteler
ab-spannen	dételer
laden (u, a)	charger
ab-laden (u, a)	décharger
füttern	fourrager
tränken	faire boire
legen	pondre
brüten	couver
aus-schlüpfen	sortir de la coque

2

Kirche und Ornate

Männliche Namen

der Pfarrer (—)	le curé
der Vikar (—e)	le vicaire
der Pastor (—en)	le pasteur
der Rabbiner	le rabbin
der Organist (—en)	l'organiste
der Sakristan (—e)	le sacristain
der Thurm	la tour
der Zeiger	l'aiguille (de l'horloge)
der Altar	l'autel
der Segen	la bénédiction
der Kelch	le calice
der Gesang	le chant
der Psalm (—es, —en)	le psaume
der Text	le texte
der Vers	le verset
der Sarg	le cercueil

der Glockenstuhl	le support des cloches
der Beichtstuhl	le confessionnal
der Beichtvater	le confesseur
der Armleuchter	le candélabre
der Kronleuchter	le lustre
der Meßdiener	le servant de messe
der Traghimmel	le dais
der Chormantel	la chape
der Weihkessel	le bénitier
der Weihwedel	le goupillon
der Weihrauch (s. pl.)	l'encens
der Opferstock	le tronc
der Taufstein	les fonts baptismaux
der Umgang	la procession
der Rosenkranz	le chapelet
der Kirchhof	le cimetière
der Grabstein	le monument funèbre
der Todtenwagen (—)	le corbillard
der Todtengräber	le fossoyeur

Weibliche Namen

die Kirche	l'église
die Kapelle	la chapelle
die Sakristei	la sacristie
die Synagoge	la synagogue
die Glocke	la cloche
die Uhr	l'horloge
die Säule	la colonne
die Kanzel	la chaire
die Monstranz	l'ostensoir
die Fahne	la bannière
die Kerze	le cierge
die Schelle	la sonnette
die Kutte	le froc
die Predigt	le sermon
die Vesper	les vêpres
die Messe	la messe
die Hostie	l'hostie
die Stole	l'étole
die Soutane	la soutane
die Rabatte	le rabat
die Reliquie	la relique
die Leiche	le mort, cadavre

die Domkirche	la cathédrale
die Sturmglocke	le tocsin
die Kirchuhr	l'horloge de l'église
die Sonnenuhr	le cadran solaire
die Bildsäule	la statue
die Wendeltreppe	l'escalier tournant
die Orgelpfeife	le tuyau d'orgue
die Kommunionbank (¨e)	le banc où l'on communie
die Stillmesse	la messe basse
die Tragbahre	le brancard, la civière
die Beerdigung	l'enterrement
die Grabschrift	l'épitaphe

ÉGLISE ET ORNEMENTS

Sächliche Namen

das Schiff (—e)	la nef
das Fenster	la fenêtre
das Gewölbe	la voûte
das Chor (¨e)	le chœur
das Geläut (—e)	le carillon
das Gebet (—e)	la prière
das Kapitel	le chapitre
das Cruzifix (—e)	le crucifix
das Kreuz (—e)	la croix
das Bild	l'image
das Tabernakel (—)	le tabernacle
das Ciborium (—ien)	le ciboire
das Schifflein	la navette
das Opfer	l'offrande

das Seitenschiff (—e)	la nef latérale
das Bogenfenster	la fenêtre cintrée
das Chorpult (—e)	le lutrin
das Zifferblatt	le cadran
das Gebetbuch	le livre de prières
das Gesangbuch	le livre de chant
das Evangelium (—ien)	l'évangile
das Hochwürdige	le saint-sacrement
das Hochamt	la grand' messe
das Weihtuch	l'amict
das Altartuch	la nappe d'autel
das Altarblatt	le retable
das Chorhemd (—en)	l'aube
das Meßgewand	la chasuble
das Meßkännchen	la burette
das Rauchfaß	l'encensoir
das Weihwasser (s. pl.)	l'eau bénite
das Todtenamt	la messe des morts
das Leichentuch	le drap mortuaire
das Leichengerüst (—e)	le catafalque
das Begräbniß (—e)	l'enterrement

Beiwörter

hoch	haut
gewölbt	voûté
spitzbögig	ogival
bogenförmig	cintré
kreuzförmig	en forme de croix
geschnitzt	sculpté
verziert	décoré, orné
geweiht	consacré
heilig	saint
religiös	religieux

Zeitwörter

beten	prier
singen (a, u)	chanter
an—stimmen	entonner
die Messe lesen, (a, e)	dire la messe
die Messe an—hören	entendre la messe
die Orgel spielen	jouer de l'orgue
läuten	sonner
die Uhr auf—ziehen (zog, gezogen)	remonter l'horloge
beichten	confesser
Beichte hören	entendre à confesse
predigen	prêcher
communiciren	communier
die Communion ertheilen	donner la communion
taufen	baptiser
firmen	confirmer
segnen	bénir
weihen	consacrer
den Segen geben (a, e)	donner la bénédiction
räuchern	encenser
besprengen mit	asperger
um—gehen (ging, gegangen)	aller en procession
begraben (u, a)	enterrer
weinen	pleurer

Dorf und Stadt

Männliche Namen		Weibliche Namen	
der Flecken	le bourg	die Stadt (¨ e)	la ville
der Weiler	le hameau	die Festung	la forteresse
der Weg	le chemin	die Mauer	le mur
der Pfad (— e)	le sentier	die Brücke	le pont
der Graben	le fossé	die Schleuse	l'écluse
der Pfeiler	le pilier	die Straße	la route ou grande rue
der Platz	la place	die Gasse	la rue
der Wall	le rempart	die Nummer	le numéro
der Markt	le marché	die Kneipe	la guinguette
der Pallast	le palais	die Brauerei	la brasserie
der Richter	le juge	die Kanzlei	la chancellerie
der Magistrat (— e)	le magistrat	die Gesandschaft	l'ambassade
der Einwohner	l'habitant	die Laterne	la lanterne
der Bürger	le citoyen	die Caserne	la caserne
der Soldat (— en)	le soldat	die Restauration	le restaurant
der Adel (s. pl.)	la noblesse	die Halle	la halle
der Minister	le ministre	die Arkade	l'arcade
der Präfect (— en)	le préfet	die Börse	la bourse
		die Bank	la banque
der Fahrweg	le chemin pour les voitures	die Universität	l'université
		die Facultät	la faculté
der Kreuzweg	le carrefour	die Akademie	l'académie
der Schwibbogen (—)	l'arche	die Bibliothek	la bibliothèque
der Schlagbaum	la barrière	die Präfectur	la préfecture
der Spazierplatz	la promenade		
der Justizpallast	le palais de justice		
der Anschlagzettel	l'affiche	die Hauptstadt (¨ e)	la capitale
der Amtsdiener	l'appariteur	die Vorstadt (¨ e)	le faubourg
der Polizeidiener	le sergent de ville	die Zugbrücke	le pont-levis
der Bürgermeister	le maire	die Drehbrücke	le pont tournant
der Wahlmann (¨ er)	l'électeur	die Hänglaterne	le réverbère
der Staatsrath	le conseil d'État	die Wachtstube	le corps de garde
der Präfecturrath	le conseil de préfecture	die Sternwarte	l'observatoire
der Gemeinderath	le conseil municipal	die Rechenkammer	la cour des comptes
der Gasthof	l'hôtel	die Schatzkammer	le trésor
der Speisewirth	le restaurateur	die Feuerspritze	la pompe à incendie
der Stallknecht	le garçon d'écurie	die Feuersbrunst (— e)	l'incendie

VILLAGE ET VILLE

Sächliche Namen			Beiwörter
das Dorf	le village	groß	grand
das Schloß	le château	klein	petit
das Kloster	le couvent	schön	beau
das Gefängniß (— nisse)	la prison	häßlich	vilain
das Thor (— e)	la porte de la ville	reich	riche
das Pflaster (—)	le pavé	arm	pauvre
das Trottoir (— s)	le trottoir	sauber	propre
das Fort (— s)	le fort	schmutzig	sale
das Magazin (— e)	le magasin	kothig	boueux
das Arsenal (— e)	l'arsenal	staubig	poudreux
das Gymnasium (— ien)	le gymnase	sandig	sablonneux
das Lyceum (— een)	le lycée	steinig	pierreux
das Museum (— een)	le musée	still	tranquille
das Archiv (— e)	les archives	öde	désert
das Spital	l'hôpital	geräuschvoll	bruyant
das Consulat (— e)	le consulat	volkreich	populeux
das Ministerium (— ien)	le ministère	betriebsam	commerçant

			Zeitwörter
das Stadtthor (— e)	la porte de la ville		
das Bollwerk (— e)	le rempart		
das Pulvermagazin (-e)	le magasin de poudre	die Straße pflastern	paver la rue
		die Straße sprengen	arroser la rue
das Waisenhaus	l'orphelinat	die Straße fegen	balayer la rue
das Narrenhaus	la maison des aliénés	putzen	nettoyer
das Rathhaus	l'hôtel de ville	die Stadt erleuchten	éclairer la ville
das Wirthshaus	l'auberge	Feuer an-legen	mettre le feu à …
das Polizeiamt	le bureau de police	die Kette bilden	former la chaîne
das Zollamt	le bureau d'octroi	pumpen	pomper
das Postamt	le bureau de poste	löschen	éteindre
das Steueramt	le bureau de percepteur	auf den Markt gehen (ging, gegangen)	aller au marché
Kriegsministerium (ien)	ministère de la guerre	kaufen	acheter
Handelsministerium(ien)	— du commerce	verkaufen	vendre
Finanzministerium (ien)	— des finances	ein-kaufen	faire des emplettes
Justizministerium (-ien)	— de la justice	ein-packen	empaqueter
Marineministerium (-en)	— de la marine	fort-tragen, (u. a.)	emporter
Ministerium der auswärtigen Angelegenheiten (— ien)	— des affaires étrangères	fort-schicken	renvoyer
		in einem Gasthofe ein-kehren	descendre dans un hôtel
Ministerium des Innern (— ien)	— de l'intérieur	auf-nehmen (a, o)	accueillir

Der Mensch

Die verschiedenen Theile des menschlichen Körpers

Männliche Namen

der Mensch (—en)	l'homme
der Körper ou	
der Leib (—er)	le corps
der Rumpf	le tronc
der Kopf	la tête
der Wirbel	le sommet de la tête
der Scheitel	la raie
der Backen (—)	la joue
der Bart	la barbe
der Mund (—e)	la bouche
der Zahn	la dent
der Gaumen (—)	le palais
der Speichel	la salive
der Hals	le cou
der Schluck	la gorgée
der Nacken (—)	la nuque
der Rücken	le dos
der Busen (—)	le sein
der Bauch	le ventre
der Darm	le boyau
der Magen (—)	l'estomac
der Schenkel	la cuisse
der Knöchel	la cheville
der Arm (—e)	le bras
der Finger	le doigt
der Daumen (—)	le pouce
der Nagel	l'ongle
der Knochen (—)	l'os
der Nerv (—en)	le nerf
der Puls (—e)	le pouls
der Geruch	l'odorat
der Geschmack (—e)	le goût
der Kinnbacken (—)	la mâchoire
der Backenbart	les favoris
der Schnurrbart	la moustache
der Ellenbogen (—)	le coude

Weibliche Namen

die Haut (¨ e)	la peau
die Stirn	le front
die Locke	la boucle
die Schläfe	la tempe
die Nase	le nez
die Lippe	la lèvre
die Zunge	la langue
die Kehle	le gosier
die Stimme	la voix
die Sprache	la langue (langage)
die Gurgel	la gorge
die Leber	le foie
die Lunge	le poumon
die Milz (—e)	la rate
die Niere	le rognon
die Galle	la bile
die Drüse	la glande
die Schulter ou	
die Achsel	l'épaule
die Brust (¨ e)	la poitrine
die Rippe	la côte
die Seite	le côté
die Lenden (pl.)	les reins
die Hüfte	la hanche
die Hand (¨ e)	la main
die Faust (¨ e)	le poing
die Wade	le mollet
die Zehe	l'orteil
die Ferse	le talon
die Muskel	le muscle
die Ader	la veine
die Hirnschale	le crâne
die Augenwimper	le sourcil
die Augenbraune	le cil
die Luftröhre	la trachée-artère
die Fußsohle	la plante du pied
die Pulsader	l'artère

L'HOMME

DES DIFFÉRENTES PARTIES DU CORPS

Sächliche Namen

das Glied	le membre
das Haupt	la tête
das Haar (—e)	le cheveu
das Hirn ou (—e)	le cerveau
das Gehirn (—e)	
das Angesicht	le visage
das Ohr (es, —en)	l'oreille
das Auge (es, —n)	l'œil
das Kinn (—e)	le menton
das Grübchen	la fossette
das Zäpfchen	la luette
das Bein (—e)	la jambe, l'os
das Mark (s. pl.)	la moelle
das Herz (ens, —en)	le cœur
das Blut (s. pl.)	le sang
das Fleisch (s. pl.)	la chair, viande
das Fett (—e)	la graisse
das Geblüt (s. pl.)	le sang, origine
das Gebein (—e)	l'ossement
das Gelenk (—e)	l'articulation
das Gerippe	le squelette
das Gehör (s. pl.)	l'ouïe
das Gesicht	la vue, le visage
das Gefühl (s. pl.)	le toucher

das Ohrläppchen	le bout de l'oreille
das Ohrsausen (s. pl.)	le bourdonnement dans les oreilles
das Trommelfell (—e)	le tympan
das Augenlid	la paupière
das Nasenloch	la narine
das Schulterblatt	l'omoplate
das Rückenmark (s. pl.)	la moelle épinière
das Wirbelbein (—e)	la vertèbre
das Schienbein (—e)	le tibia
das Zahnfleisch (s. pl.)	les gencives
das Handgelenk (—e)	le poignet

Beiwörter

blaß	pâle
blühend	florissant
bausbäckig	joufflu
krumm	contrefait
krummbeinig	bancal, cagneux
kahl	chauve
behaart	chevelu
bärtig	barbu
taub	sourd
stumm	muet
heiser	enroué
blind	aveugle
einäugig	borgne
kurzsichtig	myope
weitsichtig	presbyte
kraus	crépu
lockig	bouclé
schlicht	lisse

Zeitwörter

den Kopf drehen	tourner la tête
beugen	incliner
hören	entendre
sehen (a, e)	voir
blinzeln	cligner
schielen	loucher
riechen (o, o)	sentir
niesen	éternuer
schnupfen	priser
sich schneuzen	se moucher
husten	tousser
stottern	bégayer
lachen	rire
sprechen (a, o)	parler
beißen (iss, iss)	mordre
athmen	respirer
schlucken	avaler

Die Familie

Männliche Namen

der Vater	le père
der Großvater	le grand-père
der Urgroßvater	le bisaïeul
der Vorfahr (—en)	les ancêtres
der Verwandte (—n)	le parent
der Gatte (—n)	l'époux
der Sohn	le fils
der Schwiegervater	le beau-père
der Schwiegersohn ou der Tochtermann (¨ er)	le gendre,
der Stiefvater	le parâtre
der Stiefsohn	le beau-fils
der Bruder	le frère
der Schwager	le beau-frère
der Onkel (—)	l'oncle
der Neffe (—n)	le neveu
der Enkel	le petit-fils
der Vetter (—n)	le cousin
der Ehestand	le mariage (l'état)
der Bräutigam (—e)	le fiancé
der Wittwer	le veuf
der Waise (—n)	l'orphelin
der Vormund (¨ er)	le tuteur
der Mündel	le pupille
der Pathe (—n)	le parrain et filleul
der Gevatter (—n)	le compère
der Säugling	le nourrisson
der Freund (—e)	l'ami
der Nachbar (—s, —n)	le voisin
der Jüngling	le jeune homme
der Greis	le vieillard
der Name (—ens, —n)	le nom
der Vorname (-ns, -n)	le prénom
der Zuname -ns, -n)	le nom de famille

Weibliche Namen

die Mutter (¨)	la mère
die Großmutter (¨)	la grand'mère
die Urgroßmutter (¨)	la bisaïeule
die Verwandschaft (s.pl.)	la parenté
die Verwandtin (—nen)	la parente
die Gattin (—nen)	l'épouse
die Tochter (¨)	la fille
die Schwiegermutter (¨)	la belle-mère
die Schwiegertochter (¨) die Sohnsfrau	la bru
die Stiefmutter (¨)	la marâtre
die Stieftochter (¨)	la belle-fille
die Schwester	la sœur
die Schwägerin (—nen)	la belle-sœur
die Tante	la tante
die Nichte	la nièce
die Enkelin (—nen)	la petite-fille
die Base	la cousine
die Heirath	le mariage (l'acte)
die Braut (¨ e)	la fiancée
die Wittwe	la veuve
die Waise	l'orpheline
die Vormünderin (—nen)	la tutrice
die Mündel	la pupille
die Pathin (—nen)	la marraine et filleule
die Gevatterin (—nen)	la commère
die Amme	la nourrice
die Freundin (—nen)	l'amie
die Nachbarin (—nen)	la voisine
die Jungfrau	la jeune fille
die alte Frau	la vieille femme
die Hebamme	la sage-femme
die Mitgift	la dot
die Jugend (s. pl.)	la jeunesse

LA FAMILLE

Sächliche Namen

das Weib (— er)	la femme (opposé de de mari)
das Weibsbild ou (— er)	la femme mariée ou non
das Frauenzimmer	
das Mädchen	la jeune fille
das Kindermädchen	la bonne d'enfant
das Fräulein	la demoiselle
das Kind	l'enfant
die Geschwister (pl.)	les frères et sœurs
das Geschwisterkind	le cousin
das Alter (—)	la vieillesse
das Erbe	l'héritage

Beiwörter

gut	bon
arbeitsam	laborieux
sparsam	économe
haushälterisch	
gehorsam	obéissant
dankbar	reconnaissant
väterlich	paternel
mütterlich	maternel
brüderlich	fraternel
schwesterlich	en sœur
jung	jeune
alt	vieux
abgelebt	décrépit
stark	fort
schwach	faible
sonderbar	singulier
freigebig	généreux
geizig	avare
ehrlich	honnête
verwandt	parent
verwittwet	veuf
verwaist	orphelin
verlobt	fiancé

Beiwörter

ehlich	légitime
unehlich	illégitime
gemein	vulgaire
ausgezeichnet	distingué
freundlich	aimable

Zeitwörter

befehlen, (a, o)	commander
gehorchen,	obéir
arbeiten	travailler
schwitzen	suer
ersparen	économiser
gebären, (a, o)	naître
taufen	baptiser
säugen	allaiter
saugen (o, o)	téter
besorgen	soigner
ernähren	nourrir
erziehen (zog, erzogen)	élever
heirathen	épouser
sich verheirathen	se marier
aus-statten	doter
trauen	donner la bénédiction, marier
sich gut auf-führen	se bien conduire
lieben	aimer
loben	louer
tadeln	blâmer
den Haushalt führen	conduire le ménage
nähen	coudre
flicken	raccommoder
stricken	tricoter
spinnen (a, o)	filer
kochen	cuire
waschen (u, a)	laver

Von den Thieren überhaupt

Hausthiere

Männliche Namen		Weibliche Namen	
der Dickhäuter	le pachyderme	die Classification	la classification
der Wiederkäuer	le ruminant	die Ordnung	l'ordre
der Einhufer (—)	l'animal à un sabot	die Klasse	la classe
der Zweihufer (—)	l'animal à deux sabots	die Familie	la famille
der Vierhänder	le quadrumane	die Gattung	le genre
der Sohlengänger	le plantigrade	die Art	l'espèce
der Hengst	l'étalon	die Stute	la jument
der Wallach (—e)	le cheval (hongre)	die Mähre	la rosse
der Stier	le taureau	die Kuh (—e)	la vache
der Ochs (—en)	le bœuf	die Kälbin (—nen)	la génisse
der Huf (—e)	le sabot	die Ferse	
der Talg (s. pl.)	le suif	die Haut (¨ e)	la peau
der Esel	l'âne	die Wamme	le fanon
der Bock	le bouc	die Eselin	l'ânesse
der Widder	le bélier	die Zitze	la tétine
der Hammel	le mouton	die Milch (s. pl.)	le lait
der Schäfer	le berger	die Ziege	la chèvre
der Pferch	le parc (enclos)	die Klaue	le sabot fendu
der Eber	le verrat	die Sau (¨ e)	la truie
der Hund (—e)	le chien	die Borste	la soie (du porc)
der Pudel (—)	le barbet	die Wolle	la laine
der Kater (—)	le matou	die Hündin (—nen)	la chienne
der Kopf	la tête	die Wuth	le rage
der Rumpf	le tronc	die Katze	le chat
der Schwanz	la queue	die Kralle	la griffe
		die Ratte	le rat
		die Maus (¨ e)	la souris
der Büffelochs	le buffle	die Schnauze	le museau
der Maulesel	le mulet	die Farbe	la couleur
der Ziegenbock	le bouc	die Größe	la hauteur
der Jagdhund	le chien de chasse	die Länge	la longueur
der Windhund	le lévrier	die Weide	le pâturage
der Hofhund	le mâtin		
der Schäferhund	le chien de berger		
der Schäferstab	la houlette	die Mausfalle	la souricière
der Maulkorb	la muselière	die Büffelkuh (¨ e)	la bufflonne

ET LES GENRES
DES ANIMAUX EN GÉNÉRAL
ANIMAUX DOMESTIQUES

Sächliche Namen

das Thierreich (—e)	le règne animal
das Wirbelthier (—e)	le vertébré
das Säugethier (—e)	le mammifère
das Ringelthier (—e)	l'annelé
das Weichthier (—e)	le mollusque
das Pflanzenthier (—e)	le zoophyte

das Roß (—e)	} le cheval
das Pferd (—e)	
das Füllen (—)	le poulain
das Vieh (s. pl.)	le bétail
das Rind	la bête à cornes
das Kalb	le veau
das Maul	le mufle
das Horn	la corne
das Euter (—)	le pis
das Schaf (—e)	la brebis
das Lamm	l'agneau
das Zicklein	le cabri
das Fell (—e)	la peau
das Leder	le cuir
das Haar (—e)	le poil
das Schwein (—e)	le porc
das Ferkel	le cochon de lait
das Blut (s. pl.)	le sang
das Kaninchen (—)	le lapin
das Gehäge (—e)	la garenne
das Schweinefett (s.pl.)	le saindoux
das Schweinefleisch	la viande de porc
das Spanferkel	le cochon de lait
das Roßhaar	le crin
das Hornvieh (s. pl.)	les bêtes à cornes
das Federvieh (s. pl.)	la volaille
das Zugvieh (s. pl.)	les bêtes de trait
das Lastvieh (s. pl.)	les bêtes de somme

Beiwörter

apfelgrau	gris-pommelé
gescheckt	pie, tacheté
stolz	fier
schlank	élancé
plump	lourd
steif	raide
eigensinnig	entêté
stätig	rétif
feurig	fougueux
treu	fidèle
toll	enragé
wachsam	vigilant

Zeitwörter

wiehern	hennir
brüllen	mugir
yanen	braire
blöcken	bêler
meckern	chevroter
heulen	hurler
bellen	aboyer
beißen (iß, iß)	mordre
an-binden (a, u)	attacher
ein-sperren	enfermer
hüten	garder
grunzen	grogner (porc)
miauen	miauler
mausen	attraper des souris
fressen (a, e)	} manger (en parlant d'un animal)
saufen (off, off)	boire (id.)
weiden	paître, mener paître
ziehen (zog, gezogen)	tirer, traîner
mästen	engraisser
sich mausen	muer
laufen (ie, au)	courir

Das Pferd und der Wagen

Männliche Namen		Weibliche Namen	
der Hengst	l'étalon	die Stute	la jument
der Rappe (— n)	le cheval noir	die Mähne	la crinière
der Schimmel	le cheval blanc	die Krippe	la crèche
der Fuchs	le cheval alezan	die Bürste	la brosse
der Renner	le coursier	die Halfter	le licou
der Klepper	le bidet	die Trense	le bridon
der Kutscher	le cocher	die Schnalle	la boucle
der Striegel	l'étrille	die Kette	la chaîne
der Kamm	le peigne	die Peitsche	le fouet
der Schwamm	l'éponge	die Kutsche	le carrosse
der Schwedel	le houssoir	die Droschke	le fiacre
der Krummet	le collier	die Schaise	la chaise (voiture)
der Sattel	la selle	die Diligence	la diligence
der Gurt (—e)	la sangle	die Sänfte	la chaise à porteurs
der Sporn (—es, —en)	l'éperon	die Deichsel	le timon
der Zaum	la bride	die Leiter	l'échelle
der Strang	le trait	die Winde	le cric
der Riemen	la courroie	die Diele	la planche
der Wagen (—)	la voiture	die Bohle	le madrier
der Bock	} le siége du cocher	die Nabe	le moyeu
der Sitz		die Felge	la jante
der Tritt	le marchepied	die Speiche	le rais (d'une roue)
der Schlag	la portière	die Achse	l'essieu
der Hafer (s. pl.)	l'avoine	die Schmiere	{ la graisse (pour voiture)
der Klee (—e)	le trèfle	die Feder	le ressort
		die Kleie	le son
		die Spreu	les balles de blé
		die Streu	la litière
der Stallknecht	le palefrenier		
der Packsattel (—)	le bât	die Pferdedecke	la couverture
der Steigbügel	l'étrivière	die Pistolenhalfter	la fonte d'une selle
der Bauchgurt (—e)	la ventrière	die Reitpeitsche	la cravache
der Schwanzriemen	la croupière	die Miethkutsche	la voiture de louage
der Leiterwagen	la voiture à échelles	die Halbschaise	le coupé
der Eilwagen	la diligence	die Sperrkette	l'enrayure
der Rollvorhang	le store	die Kinnkette	la gourmette
der Hemmschuh	le sabot		

LE CHEVAL ET LA VOITURE

Sächliche Namen

das Pferd (—e)	le cheval
das Füllen (—)	le poulain
das Kreuz (—e)	la croupe
das Gebiß (—e)	le mors
das Seil (—e)	la corde
das Eisen	le fer
das Gespann (—e)	l'attelage
das Cabriolett (—e)	le cabriolet
das Gestell (—e)	le train
das Rad	la roue
das Ortscheit	le palonnier
das Geleise (—)	l'ornière
das Schaukeln (s. pl.)	le cahotage
das Gras	l'herbe
das Heu (s. pl.)	le foin
das Stroh (s. pl.)	la paille
das Futter (—)	le fourrage
das Klappverdeck (—e)	le soufflet (voiture)
das Hintergestell (—e)	l'arrière-train
das Vordergestell (—e)	l'avant-train
das Fuhrwerk (—e)	l'équipage
das Hufeisen	le fer à cheval
das Leitseil (—e)	les guides
das Roßgeschirr (—e)	le harnais
das Reitpferd (—e)	le cheval de selle
das Zugpferd (—e)	le cheval de trait
das Lastpferd (—e)	le cheval de somme
das Miethpferd (—e)	le cheval de louage
das Deichselpferd	le cheval timonier

Beiwörter

zahm	doux
scheu	ombrageux
rotzig	morveux
engbrüstig	poussif
klug	prudent

Beiwörter

schwer	lourd
leicht	léger
gesattelt	sellé
auf-gezäumt	bridé
stark	fort
schwach	faible

Zeitwörter

füttern	fourrager
tränken	faire boire, abreuver
striegeln	étriller
beschlagen (u, a)	ferrer
an-spannen	atteler
ab-spannen	dételer
an-schirren	déharnacher
auf-zäumen	brider
satteln	seller
reiten (itt, itt)	monter (un cheval)
leiten	guider
im Trapp laufen (ie, au)	trotter
treiben (ie, ie)	pousser
galoppiren	galoper
peitschen	fouetter
spornen	donner l'éperon
aus-schlagen (u, a)	ruer
stolpern	broncher
stampfen	frapper du pied
tummeln	caracoler
sich bäumen	se dresser
laden (u, a)	charger
ab-laden (u, a)	décharger
miethen	louer
auf-leitern	mettre les échelles
schmieren	graisser
sperren	enrayer
schaukeln	cahoter

Wilde Thiere

Männliche Namen		Weibliche Namen	
der Hase (—en)	le lièvre	die Häsin (—nen)	la hase
der Rammler (—)	le mâle des lièvres	die Hindin (—nen)	la biche
der Hirsch	le cerf	die Hirschkuh (¨e)	
der Igel	le hérisson	die Antilope	l'antilope
der Marder (—)	la martre	die Gemse	le chamois
der Iltiß	le putois	die Giraffe	la girafe
der Hamster (—)	le mulot	die Bärin (—nen)	l'ourse
der Fuchs	le renard	die Grube	la fosse
der Dachs (—e)	le blaireau	die Aeffin (—nen)	la guenon
der Luchs (—e)	le lynx	die Hyäne	l'hyène
der Wolf	le loup	die Wölfin (—nen)	la louve
der Bär (—en)	l'ours	die Löwin (—nen)	la lionne
der Affe (—n)	le singe	die Tigerin (—nen)	la tigresse
der Biber	le castor	die Höhle	la caverne
der Löwe (—n)	le lion	die Wüste	le désert
der Tiger	le tigre	die Mähne	la crinière
der Leopard (—e)	le léopard	die Tatze	la patte
der Elephant (—en)	l'éléphant	die Pfote	
der Rüssel	la trompe	die Kralle	la griffe, l'ongle
der Hauer (—)	la défense (dents)	die Schnauze	le museau
der Jäger	le chasseur	die Nase	le nez
der Balg	la peau	die Jagd	la chasse
der Filz	le feutre	die Flinte	le fusil
der Pelz	la fourrure	die Büchse	
der Muff	le manchon	die Kugel	la balle
		die Falle	le piége
		die Schlinge	
der Dammhirsch	le daim	die Dohne	le lacet (pour prendre les oiseaux)
der Rehbock	le bouquin	die Spur	la piste
der Maulwurf	la taupe		
der Jagdhund	le chien de chasse	die Rehziege	la chevrette
der Spürhund	le limier	die Treibjagd	la battue
der Wilddieb	le braconnier	die Parforcejagd	la chasse à courre
der Pelzmantel	le manteau fourré	die Jagdtasche	la gibecière
der Handschuh (—e)	le gant	die Jagdflinte	le fusil de chasse

ANIMAUX SAUVAGES

Sächliche Namen		Beiwörter	
das Wild (s. pl.)	le gibier	nützlich	utile
das Reh (—e)	le chevreuil	schädlich	nuisible
das Geweih (—e)	la ramure	zahm	apprivoisé
das Horn	la corne	wild	sauvage
das Wiesel	la belette	reißend	féroce
das Frettchen	le furet	grausam	cruel
das Zebra (—)	le zèbre	fleischfressend	carnassier, carnivore
das Lama (—)	le lama	grasfressend	herbivore
das Kameel (—e)	le chameau	lebendig gebärend	vivipare
das Dromadar (—e)	le dromadaire	vierfüßig	quadrupède
das Hermelin (—e)	l'hermine	behaart	couvert de poils
das Pulver (s. pl.)	la poudre	langhaarig	qui a les poils en touffes
das Blei (s. pl.)	le plomb	getigert	tacheté
das Netz (—e)	le filet		
das Schrot (s. pl.)	la chevrotine	Zeitwörter	
		ab-fressen (a, e)	brouter
		graben (u, a)	creuser
das Pelzwerk (—e)	la fourrure	klettern	grimper
das Elfenbein (s. pl.)	l'ivoire	schwimmen (a, o)	nager
das Nilpferd (—e)	l'hippopotame	schreien (ie, ie)	crier
das Nashorn	le rhinocéros	brüllen	rugir
das Rennthier (—e)	le renne	heulen	hurler
das Pantherthier (—e)	la panthère	nagen	ronger
das Murmelthier (—e)	la marmotte	zernagen	détruire en rongeant
das Hirschkalb	le faon (petit cerf)	zerreißen (iß, iß)	déchirer
das Rehkalb	le faon (petit chevreuil)	zerfleischen	mettre en pièces
das Wildschwein (—e)	le sanglier	jagen	chasser
das Mutterschwein (—e)	la truie	auf dem Anstand sein	être à l'affût
das Stachelschwein (—e)	le porc-épic	laden (u, a)	charger
das Meerschwein (—e)	le marsouin	zielen	viser
das Eichhörnchen	l'écureuil	schießen (o, o)	tirer
das Wildpret (s. pl.)	la venaison	tödten	tuer
das Jagdwesen (s. pl.)	la vénerie	Schlingen oder Stricke richten	tendre des lacets
das Jagdrecht (—e)	le droit de chasse		
das Jagdhorn	le cor de chasse	fangen (in, a)	attraper, prendre

Die Vögel

Männliche Namen

der Vogel	l'oiseau
der Flügel	l'aile
der Kopf	la tête
der Schnabel	le bec
der Hals	le cou
der Kropf	le gésier
der Schwanz	la queue
der Flaum (s. pl.)	le duvet
der Kamm	la crête
der Hahn	le coq
der Schwan	le cygne
der Pfau, (—es, —en)	le paon
der Fasan (—e)	le faisan
der Papagei	le perroquet
der Storch	la cigogne
der Spatz (—en)	le moineau
der Rabe (—n)	le corbeau
der Kukuk (—e)	le coucou
der Häher (—)	le geai
der Fink (—en)	le pinson
der Zeisig	le serin
der Sperber	l'épervier
der Falke (—n)	le faucon
der Geier	le vautour
der Adler (—)	l'aigle
der Strauß (—e)	l'autruche
der Käfig	la cage
der Pips (s. pl.)	la pépie

der Zugvogel	l'oiseau de passage
der Singvogel	l'oiseau chanteur
der Raubvogel	l'oiseau de proie
der Eierstock	l'ovaire
der Eidotter (—)	le jaune d'œuf
der Vogelfänger	l'oiseleur
der Vogelleim	la glu

Weibliche Namen

die Feder	la plume
die Henne	la poule
die Brut	la couvée
die Gans (¨ e)	l'oie
die Ente	le canard
die Taube	le pigeon
die Schwalbe	l'hirondelle
die Wachtel	la caille
die Schnepfe	la bécasse
die Trappe	l'outarde
die Meise	la mésange
die Lerche	l'alouette
die Amsel	le merle
die Drossel	la grive
die Elster	la pie
die Krähe	la corneille
die Eule	le hibou
die Weihe	le milan

die Auerhenne	la poule de bruyère
die Truthenne	la dinde
die Gänseleber	le foie d'oie
die Gänsefeder	la plume d'oie
die Kriechente	la sarcelle
die Turteltaube	la tourterelle
die Ringeltaube	le pigeon ramier
die Nachtschwalbe	l'hirondelle de cheminée
die Grasmücke	la fauvette
die Goldamsel	le merle doré
die Nachtigall	le rossignol
die Bachstelze	le hochequeue
die Vogelpfeife	l'appeau
die Vogelbeere	la sorbe sauvage
die Vogelhecke	le nichoir
die Vogelstange	le perchoir
die Vogelscheuche	l'épouvantail

LES OISEAUX

Sächliche Namen

das Männchen	le mâle
das Weibchen	la femelle
das Gefieder	le plumage
das Ei	l'œuf
das Nest	le nid
das Huhn	la poule
das Garn (—e)	le filet
das Geflügel (s. pl.)	la volaille
das Osterei	l'œuf de Pâques
das Hühnerei	l'œuf de poule
das Nestei	le nichet
das Eiweiß (s. pl.)	le blanc d'œuf
das Nestküchlein	le culot
das Perlhuhn	la pintade
das Masthuhn	la poularde
das Wasserhuhn	la poule d'eau
das Rebhuhn ou das Feldhuhn	la perdrix
das Rothbrüstchen	le rouge-gorge
das Blaukehlchen	le gorge-bleue
das Schwarzköpfchen	la fauvette à tête noire
das Vogelfutter	la pâture des oiseaux
das Vogelhaus	la volière

Beiwörter

eierlegend	ovipare
brütig	disposé à couver
nackt	nu
flaumig	couvert de duvet
befiedert	couvert de plumes
flügge	apte au vol
geflügelt	ailé
zweibeinig	bipède
vierbeinig	quadrupède
gekrümmt	courbé
spitzig	pointu

Beiwörter

rund	rond
kugelrund	sphérique
eirund	ovale
eiförmig	qui a la forme d'un œuf

Zeitwörter

fliegen (o, o)	voler
schwimmen (a, o)	nager
ziehen (zog, gezogen)	voyager (en parlant des oiseaux)
nisten	nicher
legen	pondre
brüten	couver
aus-brüten	faire éclore
aus-schlüpfen	sortir de la coque
aus-fliegen (o, o)	s'envoler
aus-nehmen (a, ommen)	dénicher
zwitschern	gazouiller
singen (a, u)	chanter
schreien (ie, ie)	crier
pfeifen (iff, iff)	siffler
krähen	chanter (coq)
gackern	caqueter
glucksen	glousser
quacken	cousser (canard)
kollern	glouglotter (dindon)
ruchsen	roucouler (pigeon)
girren	gémir (tourterelle)
pipen	pépier (moineau)
krächzen	croasser (corbeau)
fangen (i, a)	prendre, attraper
ein-sperren	enfermer
mästen	engraisser
stopfen	bourrer
rupfen	plumer
füllen	remplir, farcir
braten (ie, a)	rôtir

Die Fische

Männliche Namen		Weibliche Namen	
der Fisch	le poisson	die Fischerei	la pêche
der Rogen (—)	les œufs de poisson	die Laiche	le frai
der Rogener (—)	le poisson œuvé	die Milch (s. pl.)	la laitance
der Milcher	le poisson laité	die Schuppe	l'écaille
der Karpfen (—)	la carpe	die Gräte	l'arête
der Hecht	le brochet	die Grundel	le goujon
der Lachs (—e)	le saumon	die Forelle	la truite
der Aal (—e)	l'anguille	die Barbe	le barbeau
der Bars (—e)	la perche	die Lamprete	la lamproie
der Häring	le hareng	die Schleihe	la tanche
der Rochen (—)	la raie	die Sardelle	la sardine
der Krebs	l'écrevisse	die Anschowe	l'anchois
der Hummer (—)	le homard	die Sprote	l'esprot
der Thran	l'huile de poisson	die Alse	l'alose
der Fluß	la rivière	die Sole	la sole
der Bach	le ruisseau	die Quappe	la lotte
der Teich	le vivier	die Makrele	le maquereau
der Fischer	le pêcheur	die Butte	la barbue
der Köder	l'amorce, l'appât	die Krabbe	le crabe
der Hamen (—)	la trouble	die Schere	la pince d'une écrevisse
der Kahn	la barque	die Auster	l'huître
		die Muschel	la moule
der Flußfisch	le poisson d'eau douce	die Perle	la perle
der Seefisch	le poisson de mer	die Schale	l'écaille
der Raubfisch	le poisson rapace	die Angel	la ligne
der Weißfisch	l'ablette	die Reuse	la nasse
der Rothfisch	le rouget	die Floßfeder	la nageoire
der Schellfisch	le merlan	die Schwimmblase	la vessie natatoire
der Thunfisch	le thon	die Fischbrut	le fretin
der Stockfisch	la morue sèche	die Meergrundel	le goujon de mer
der Haifisch	le requin	die Steinbutte	le turbot
der Wallfisch	la baleine	die Austerschale	l'écaille d'huître
		die Perlmutter	le nacre
der Flohkrebs	la crevette	die Angelruthe	la canne à ligne
der Stachelkrebs	la langouste	die Angelschnur (—e)	la ficelle
der Krebsteller	la balance pour prendre les écrevisses	die Lockspeise	l'appât
der Fischtrog	le réservoir	die Pumpstange ou die Störstange	la bouille
der Angelhacken	l'hameçon		

LES POISSONS

Sächliche Namen

das Meer (—e)	la mer
das Boot (—e)	le bateau
das Schiff (—e)	le navire
das Schifflein	la nacelle
das Blei (s. pl.)	le plomb
das Netz (—e)	} le filet
das Fischgarn (—e)	
das Meerwasser	l'eau de mer
das Wurfnetz	l'épervier
das Schleppnetz	le chaland
das Fischerrecht	le droit de pêcher
das Fischerdorf	le village de pêcheurs
das Fischerhaus	la maison de pêcheurs
das Fischbein	la baleine (le fanon)
das Krebsauge (s—n)	l'œil d'écrevisse
das Muschelgehäuse	le coquillage

Beiwörter

kaltblütig	à sang froid
eierlegend	ovipare
stumm	muet
frisch	ais
gesalzen	salé
geräuchert	fumé
lang	long
platt	plat
zugespitzt	effilé
glatt	lisse
schlüpferig	glissant
gabelig	fourchu
schuppig	couvert d'écailles
gepanzert	cuirassé
einschalig	univalve
zweischalig	bivalve
perlartig	perlé
fischreich	poissonneux
gefräßig	vorace

Zeitwörter

schwimmen (a, o)	nager
laichen	frayer
leben	vivre
sich regen	grouiller
wimmeln	fourmiller
wachsen (u, a)	grandir
hüpfen	sautiller
springen (a, u)	sauter
schleichen (i, i)	ramper
quacken	coasser
klemmen	pincer
an-greifen (iff, iff)	attaquer
verfolgen	poursuivre
schnappen	happer
verschlucken	avaler
fischen	pêcher
angeln	pêcher à la ligne
an die Angel beißen (i, i)	mordre à l'hameçon
plumpen	} chasser les poissons avec une bouille
scheuchen	effaroucher
fangen (i, a)	prendre
ab-schuppen	écailler
aus-nehmen (a, o)	} vider
leeren	
schaben	racler
ab-sieden (ott, ott)	faire bouillir
salzen	salir
auf-tragen (u, a)	servir
essen (aß, gegessen)	manger
ein Garn stricken	tricoter un filet
das Garnaus-werfen (a, o)	jeter le filet
rudern	ramer
steuern	piloter
tauchen	plonger
sondiren	sonder
den Anker werfen (a, o)	jeter l'ancre
unter-gehen, ging, gegangen	} sombrer

Die Amphibien und Insekten

Männliche Namen		Weibliche Namen	
der Frosch	la grenouille	die Kröte	le crapaud
der Molch (—e)	la salamandre	die Schlange	le serpent
der Drache (—n)	le dragon	die Natter	la vipère
der Zahn	la dent	die Schnecke	l'escargot
der Biß	la morsure	die Raupe	la chenille
der Wurm (¨er)	le ver	die Larve	la larve
der Käfer	le scarabée	die Puppe	la chrysalide
der Schmetterling	le papillon	die Grille	le grillon
der Schwärmer	le sphynx	die Wespe	la guêpe
der Floh	la puce	die Horniße	le frelon
der Schwarm	l'essaim	die Hummel	le bourdon
der Stachel (s —n)	l'aiguillon	die Bremse	le taon
der Stich	la piqûre	die Biene	l'abeille
der Honig	le miel	die Wabe	le rayon de miel
		die Zelle	l'alvéole
		die Fliege ou	} la mouche
der Laubfrosch	la grenouille verte	die Mücke	
der Kaulfrosch	le têtard	die Schnacke	le cousin
der Giftzahn	la dent venimeuse	die Made	l'asticot
der Blutegel	la sangsue	die Ameise	la fourmi
der Blutstropfen (—)	la goutte de sang	die Spinne	l'araignée
der Erdwurm (¨er)	le ver de terre	die Wanze	la punaise
der Seidenwurm (¨er)	le ver à soie	die Laus (¨e)	le pou
der Leuchtwurm (¨er)	le ver luisant	die Milbe	la mite
der Bandwurm (¨er)	le ver solitaire	die Schabe	la teigne
der Holzwurm (¨er)	le perce-bois (ver)	die Zecke	la tique
der Ohrwurm (¨er)	le perce-oreille (ver)		
der Wurmstich	la vermoulure	die Schildkröte	la tortue
der Maikäfer	le hanneton	die Klapperschlange	le serpent à sonnette
der Hirschkäfer	le cerf-volant	die Ringelnatter	la couleuvre
der Goldkäfer	le scarabé doré	die Blindschleiche	l'orvet
der Herrgottskäfer	la bête à Dieu	die Wegschnecke	la limace
der Abendschmetterling	le papillon de nuit	die Wasserjungfer	la demoiselle
der Tagschmetterling	le papillon de jour	die Heuschrecke	la sauterelle
der Todtenkopf	la tête de mort	die Stechmücke	le moustique
der Bienenstand	le rucher	die Schmeißfliege	la mouche à viande
der Bienenkorb	la ruche	die Spinnwebe	la toile d'araignée
der Ameisenhaufen (—)	la fourmilière		

LES AMPHIBIES ET LES INSECTES

Sächliche Namen

das Amphibium (—ien)	l'amphibie
das Crocodill (—e)	le crocodile
das Insekt (es—en)	l'insecte
das Heimchen	le grillon domestique
das Gehäuse (—)	la coquille
das Wachs (s. pl.)	la cire
das Ungeziefer	la vermine
das Gliederthier (—e)	l'animal articulé
das Schneckenhorn	l'antenne d'une limace
das Schneckenhaus	la coquille d'un escargot
das Rückenschild	la carapace

Beiwörter

weiß	blanc
schwarz	noir
braun	brun
grün	vert
gelb	jaune
bunt	bigarré
gefleckt	tacheté
gestreift	rayé
geringelt	annelé
lang	long
walzenförmig	cylindrique
steif	raide
fußlos	sans pied
giftig	venimeux
lästig	incommode
schädlich	nuisible
klebrig	gluant
wurmig	véreux
wurmstichig	vermoulu
weißblutig	à sang blanc
rothblutig	à sang rouge
einschalig	univalve
geflügelt	ailé
gegliedert	articulé

Zeitwörter

schwimmen (a, o)	nager
gehen (ging, gegangen)	marcher
kriechen (o, o)	ramper
sich ringeln	se rouler en spirale
sich verkriechen (o, o)	se blottir
sich verbergen (a, o)	se cacher
laufen (ie, au)	courir
hüpfen	sautiller
springen (a, u)	sauter
quacken	coasser
beißen (iss, iss)	mordre
stechen (a, o)	piquer
saugen (o, o)	sucer
bluten	saigner
vergiften	empoisonner
leiden (itt, itt)	souffrir
wimmeln	fourmiller
arbeiten	travailler
ein-sammeln	récolter
sparen	économiser
überwintern	hiverner
fliegen (o, o)	voler
flattern	papillonner
summen	bourdonner
schreien (ie, ie)	crier
zischen	siffler (serpent)
zirpen	chanter (grillon)
sich häuten	changer de peau
sich schälen	se peler
sich verwandeln	se métamorphoser
sich verpuppen	s'enfermer dans une coque
sich erstarren	s'engourdir
sich neu beleben	se ranimer
Eier legen	pondre des œufs
schmeißen	pondre (en parlant des mouches)
Junge machen	faire des petits

Von den Bäumen überhaupt
Waldbäume

Männliche Namen		Weibliche Namen	
der Baum (¨ e)	l'arbre	die Pflanze	la plante
der Samen (—)	la semence	die Wurzel	la racine
der Stein	le noyau	die Zwiebel	l'oignon
der Kern	le pépin	die Rinde	l'écorce
der Setzling	le plant	die Faser	la fibre
der Keim	le germe	die Knospe	le bouton
der Stengel	la tige	die Blüthe	la fleur
der Stamm	le tronc	die Frucht (¨ e)	le fruit
der Bast	le liber	die Staude	l'arbuste
der Saft	la sève	die Hecke	la haie
der Ast	la branche	die Eiche	le chêne
der Zweig	le rameau	die Eichel	le gland
der Wipfel	la cime	die Buche	le hêtre
der Stock	la souche	die Büchel	la faîne
der Stumpf	le tronçon	die Platane	le platane
der Strauch (¨ er)	l'arbrisseau	die Tanne	le sapin
der Hag (—e)	le buisson	die Fichte	le pin
der Wald (¨ er)	la forêt	die Nadel	l'aiguille
der Busch	le bois, bosquet	die Linde	le tilleul
der Kork (s. pl.)	le liége	die Esche	le frêne
der Dorn (— er)	l'épine	die Birke	le bouleau
der Kautschuck (s. pl.)	le caoutchouc	die Ulme	l'ormeau
der Epheu (s. pl.)	le lierre	die Espe	le tremble
der Förster (—)	le forestier	die Erle	l'aune
		die Weide	le saule
der Schutzpfahl	le tuteur	die Cypresse	le cyprès
der Waldbaum	l'arbre forestier	die Palme	le palmier
der Eichbaum	le chêne	die Acacia	l'acacia
der Pappelbaum	le peuplier	die Haide	la bruyère
der Ahornbaum	l'érable	die Flechte	le lichen
der Korkbaum	l'arbre à liége	die Liane	la liane
der Pfaffenbaum	le fusain	die Welle	le fagot
der Weißdorn (¨ er)	l'aubépine	die Säge	la scie
der Schwarzdorn (¨ er)	l'épine noire	die Axt	la hache
der Dornstrauch (¨ er)	buisson d'épines	die Hagebuche	le charme
der Hollunderstrauch (¨ er)	le sureau	die Trauerweide	le saule pleureur
der Oberförster	le garde général	die Stechpalme	le houx
der Holzhauer	le bûcheron		

DES ARBRES EN GÉNÉRAL
ARBRES FORESTIERS

Sächliche Namen		Beiwörter	
das Gehölze	le bois, forêt	holzig	ligneux
das Wäldchen	le petit bois	hart	dur
das Bäumchen	le petit arbre	dick	gros
das Reis (—er)	la jeune branche	dünn	mince
das Mark (s. pl.)	la moelle	schlank	élancé
das Blatt	la feuille	gerade	droit
das Laub (s. pl.)	le feuillage	krumm	courbé
das Holz (s. pl.)	le bois	walzig	cylindrique
das Scheit	la bûche	ästig	branchu
das Klafter (—)	la corde	platt	lisse
das Harz (s. pl.)	la résine	zackig	hérissé de pointes
das Gummi (s. pl.)	la gomme	belaubt	couvert de feuilles
das Gummiharz (s. pl.)	la gomme résineuse	dicht	touffu
das Gummigutt (s. pl.)	la gomme-gutte	gezähnt	dentelé
das Bauholz (s. pl.)	le bois de construction	grün	vert
das Brennholz (s. pl.)	le bois à brûler	gelb	jaune
das Astwerk (—e)	le branchage	welk	fané
das Lustwäldchen	le bosquet	dürr	sec
das Waldgebirge	la montagne boisée	behaart	velu
das Waldrecht	le code forestier	filzig	semblable à du feutre
das Waldzeichen	le martelage	waldig	boisé
das Laßreis (—er)	le baliveau	schattig	ombragé
		dornig	épineux
		harzig	résineux
Zeitwörter		markig	contenant de la moelle
pflanzen	planter	schwammig	spongieux
säen	semer		**Zeitwörter**
stecken	mettre en terre (graine)	beschatten	ombrager
legen	mettre en terre (noyau)	welken	flétrir
setzen	mettre en terre (plante)	dorren	sécher
wachsen (u, a)	croître	brechen (a, o)	rompre
sich beblättern	} se couvrir de feuilles	krachen	craquer
sich belauben		fallen (ie, a)	tomber
grünen	être vert	entwurzeln	déraciner
blühen	fleurir	lispeln	bruire
sich entblättern	} se dépouiller des feuilles	rauschen	bruire violemment
sich entlauben		um-hauen (hieb, gehauen)	abattre

Obstbäume und Obst

Männliche Namen

der Obstgarten	le verger
der Obstbaum	l'arbre fruitier
der Apfelbaum	le pommier
der Apfel	la pomme
der Birnbaum	le poirier
der Kirschbaum	le cerisier
der Pflaumenbaum	le prunier
der Mirabellenbaum	le mirabellier
der Aprikosenbaum	l'abricotier
der Pfirsichbaum	le pêcher
der Quittenbaum	le coignassier
der Nußbaum	le noyer
der Mandelbaum	l'amandier
der Kastanienbaum	le châtaignier
der Mispelbaum	le néflier
der Feigenbaum	le figuier
der Pomeranzenbaum	l'oranger
der Citronenbaum	le citronnier
der Olivenbaum	l'olivier
der Dattelbaum	le dattier
der Schlehendorn (¨ er)	le prunellier
der Maulbeerbaum	le mûrier
der Johannisbeerstrauch	le grosseiller
der Aalbeerstrauch (¨ er)	le cassis
der Stachelbeerstrauch (¨ er)	le grosseiller vert
der Himbeerstrauch (¨ er)	le framboisier
der Erdbeerstrauch (¨ er)	le fraisier
der Wachholderstrauch (¨ er)	le génévrier
der Haselnußstrauch (¨ er)	le noisetier
der Strauch (¨ er)	l'arbrisseau
der Rebstock (¨ e)	le pied de vigne
der Rebschoß (— e)	le bourgeon de vigne
der Pfahl (¨ e)	l'échalas
der Weinträber (—)	le marc de raisins
der Branntwein (— e)	l'eau-de-vie
der Weinhändler (—)	le marchand de vin

Weibliche Namen

die Baumschule	la pépinière
die Baumzucht (¨ e)	la culture des arbres
die Baumpflanzung	la plantation d'arbre
die Obstfrau	la fruitière
die Birne	la poire
die Kirsche	la cerise
die Pflaume	la prune
die Mirabelle	la mirabelle
die Aprikose	l'abricot
die Pfirsiche	la pêche
die Quitte	le coing
die Nuß (¨ e)	la noix
die Mandel	l'amande
die Kastanie	la châtaigne
die Mispel	la nèfle
die Feige	la figue
die Pomeranze	l'orange
die Citrone	le citron
die Olive	l'olive
die Dattel	la datte
die Schlehe	la prunelle
die Maulbeere	la mûre
die Johannisbeere	la grosseille
die Aalbeere	la grosseille noire
die Stachelbeere	la grosseille verte
die Himbeere	la framboise
die Erdbeere	la fraise
die Wachholderbeere	la genièvre
die Haselnuß (¨ e)	la noisette
die Beere	la baie
die Rebe	la vigne
die Gerte	le pampre
die Traube	le raisin
die Wandrebe	la treille
die Weinhefe	la lie de vin
die Weinlese	la vendange

ARBRES FRUITIERS ET FRUITS

Sächliche Namen

das Obst (s. pl.)	les fruits
das Steinobst (s. pl.)	les fruits à noyau
das Kernobst (s. pl.)	les fruits à pépin
das Spalierobst (s. pl.)	les fruits des espaliers
das Kirschwasser (s. pl.)	le kirsch
das Pflaumenwasser (s.pl.)	l'eau-de-vie de prunes
das Nußöl (s. pl.)	l'huile de noix
das Mandelöl (s. pl.)	l'huile d'amande
das Baumöl (s. pl.) }	l'huile d'olives
das Olivenöl (s. pl.) }	

Beiwörter

reif	mûr
unreif	vert, non mûr
teig	blet
faul	pourri
sauer	aigre
süß	doux
bitter	amer
grün	vert
roth	rouge
rothbackig	qui a les joues rouges
gelb	jaune
schwarz	noir
fleischig	charnu
saftig	succulent
mehlig	farineux
steinig	pierreux
flaumig	couvert de duvet
eßbar	mangeable
schmackhaft	savoureux
theuer	cher
feil	à vendre
wohlfeil	bon marché
traubenförmig	en grappes
gezähnt	dentelé

Zeitwörter

setzen	planter (un arbre)
zweigen	greffer
pfropfen }	enter
impfen }	
äugeln	écussonner
schneiden (itt, itt)	tailler
aus-schneiden (itt, itt) }	émonder
lichten }	
ab-köpfen	étêter
ab-ästen	ébrancher
ab-blättern	effeuiller
ab-rinden	écorcer
ab-brechen (a, o)	détacher
schälen	peler
spalten	fendre
ab-hauen (hieb, au)	couper
sägen	scier
ab-sägen	couper en sciant
um-hauen (hieb, au)	abattre
entwurzeln	déraciner
pflücken ou }	cueillir
brechen (a, o) }	
schwingen (a, u)	gauler (noix)
ab-beeren	égrapper
trocknen	sécher
dörren	dessécher (quelq. ch.)
aufhängen	suspendre
auf-bewahren	conserver
ein-machen	confire
trotten ou }	pressurer
keltern }	
brennen (brannte, gebrannt) }	brûler, distiller
kaufen	acheter
verkaufen	vendre
feil bieten (o, o)	mettre en vente, offrir
gut schmecken	avoir bon goût

Die Blumen

Männliche Namen		Weibliche Namen	
der Kelch (—e)	le calice	die Blume	la fleur
der Staub (s. pl.)	la poussière	die Knospe	le bouton
der Samen (—)	la semence	die Rose	la rose
der Stengel	la tige	die Dahlia	le dahlia
der Stiel	le pédoncule	die Tulpe	la tulipe
der Stock	le pied	die Lilie	le lys
der Knopf	le bouton	die Camellia	le camélia
der Buchs	le buis	die Reseda	le réséda
der Lorbeer	le laurier	die Hortensia	l'hortensia
der Thimian (s. pl.)	le thym	die Hyacinthe	l'hyacinthe
der Rosmarin (s. pl.)	le romarin	die Balsamine	la balsamine
der Jasmin	le jasmin	die Tuberose	la tubéreuse
der Mohn (s. pl.)	le pavot	die Narcisse	la narcisse
der Ginster	le genêt	die Ranunkel	la renoncule
der Strauß	le bouquet	die Levkoje	la giroflée
der Kranz	la couronne	die Kamille	la camomille
der Garten	le jardin	die Distel	le chardon
der Gärtner	le jardinier	die Klette	la bardane
der Zaun	la haie (palissade)		
der Brunnen (—)	le puits		
		die Blumenkrone	la corolle
		die Dotterblume	le bouton d'or
der Blumenstaub	le pollen	die Glockenblume	la campanule
der Samenbeutel	l'anthère	die Sonnenblume	le tournesol
der Staubfaden	l'étamine	die Schlüsselblume	la primevère
der Rosenstock	le rosier	die Kornblume	le bluet
der Seidelbast (s. pl.)	le bois gentil	die Wollblume	la molène
der Goldlack (s. pl.)	la giroflée jaune	die Zaunwinde	le liseron
der Rittersporn	le pied d'allouettes	die Seerose	le nénufar
der Fingerhut	la digitale	die Alpenrose	le rhododendron
der Heliotrop	l'héliotrope	die Klatschrose	le coquelicot
der Stechapfel	la pomme épineuse	die Zeitlose	la colchique
der Blumentopf	le pot de fleurs	die Tollkirsche	la belladone
der Blumentisch	la jardinière	die Brennessel	l'ortie
der Springbrunnen	le jet d'eau	die Gießkanne	l'arrosoir
der Rasenplatz	le boulingrin		

LES FLEURS

Sächliche Namen

das Beet (—e)	la plate-bande
das Veilchen	la violette
das Kapuzinerlein	la capucine
das Moos (s. pl.)	la mousse
das Blumenblatt	la pétale
das Blumenbeet (—e)	le parterre
das Treibhaus	la serre
das Tausendschön	l'amaranthe
das Schneeglöckchen	le perce-neige
das Vergißmeinnicht	le myosotis
das Immergrün	la pervenche
das Gänseblümchen	la pâquerette
das Maiblümchen	le muguet
das Dreifaltigkeits= blümchen	la pensée
das Basilienkraut	le basilic
das Hexenkraut	la circée
das Farnkraut	la fougère
das Bilsenkraut	le jusquiame
das Heidenkraut	la bruyère
das Unkraut	la mauvaise herbe

Zeitwörter

um-stechen (a, o) spaten	bêcher
hacken	piocher
säen	semer
blühen	fleurir
verwelken	flétrir
verdorren	dessécher
verbrennen	brûler
riechen (o, o)	sentir
duften	exhaler des parfums
gäten	sarcler

Beiwörter

weiß	blanc
schneeweiß	blanc comme neige
fleckenlos	sans tache
roth	rouge
rosenroth	rose
blutroth	rouge comme du sang
dunkel	foncé
heiter	clair
dunkelblau	bleu foncé
heitergrün	vert clair
violett	violet
goldgelb	jaune comme l'or
wohlriechend	odoriférant
stinkend	puant
giftig	vénéneux
schmerzstillend	calmant
schweißtreibend	sudorifique
einschläfernd	soporifique
dornig	épineux
knotig	noueux
runzelig	rugueux
glatt	lisse

Zeitwörter

stinken (a, u)	puer
verbreiten	répandre
vergiften	empoisonner
verzieren	orner
Sträuße machen	faire des bouquets
Kränze flechten (o, o)	tresser des couronnes
bekränzen	couronner
Wasser schöpfen	puiser de l'eau
begießen (o, o)	arroser
besorgen	soigner
auf-bewahren	conserver

// LES MOTS

Gartengemüse

Männliche Namen		Weibliche Namen	
der Garten	le jardin	die Palissade	la palissade
der Zaun	la haie, clôture	die Mauer	le mur
der Knollen (—)	la tubercule	die Pflanze	la plante
der Kohl (s. pl.)	le chou	die Schale ou	la pelure
der Strunk	le trognon	die Rinde	
der Spinat (s. pl.)	les épinards	die Kartoffel	la pomme de terre
der Spargel (—)	l'asperge	die Rübe	le navet
der Rettig	la rave	die Hülle	l'enveloppe
der Meerettig	le raifort	die Hülse	l'écosse
der Salat (—e)	la salade	die Schote	la gousse
der Lattich (s. pl.)	la laitue	die Faser	le filament
der Dragün (s. pl.)	l'estragon	die Bohne	le haricot
der Boretsch (s. pl.)	la bourrache	die Linse	la lentille
der Fenchel (s. pl.)	le fenouil	die Erbse	le pois
der Selleri (s. pl.)	le celeri	die Salbei	la sauge
der Kerbel (s. pl.)	le cerfeuil	die Zwiebel	l'oignon
der Lauch (s. pl.)	le porreau	die Artischocke	l'artichaut
der Kümmel (s. pl.)	le cumin	die Endivie	l'endive
der Anis (s. pl.)	l'anis	die Cichorie	la chicorée
der Kürbis	la citrouille	die Kresse	le cresson
der Schwamm	le champignon	die Petersilie	le persil
der Pilz		die Schalotte	l'échalotte
der Gemüsegarten	le jardin potager	die Melone	le melon
der Erdapfel	la pomme de terre	die Kukummer	la concombre
der Kohlkopf	la tête de chou	die Gurke	
der Rübenkohl (s. pl.)	le chou-navet	die Trüffel	la truffe
der Blumenkohl (s. pl.)	le chou-fleur	die Morchel	la morille
der Wirsingkohl (s. pl.)	le chou-frisé	die Nährkraft (¨e)	la force nutritive
der Sauerampfer (s. pl.)	l'oseille	die Kohlrabe	le chou-rave
der Kopfsalat	la laitue pommée	die gelbe Rübe	la carotte
der Lämmersalat	la mâche	die Zuckererbse	le petit pois
der Schnittlauch	la ciboulette	die Schwarzwurzel	le salsifis
der Knoblauch	l'ail	die Brunnenkresse	le cresson de fontaine
der Goldapfel	la tomate	die Knoblauchzehe	la gousse d'ail
der Nährstoff	la matière nutritive	die Essiggurke	le cornichon

HERBES POTAGÈRES

Sächliche Namen		Beiwörter	
das Beet (—e)	la plate-bande / la couche	giftig	vénéneux
das Gewächs (—e)	la plante	gesund	sain
das Kraut	les choux, herbes	einjährig	annuel
das Unkraut	la mauvaise herbe	zweijährig	bisannuel
das Radischen	le radis	vieljährig	vivace
das Knollengewächs (-e)	la plante tuberculeuse	inwendig	intérieur (en dedans)
das Zwiebelgewächs (—e)	la plante bulbeuse	auswendig	extérieur (en dehors)
das Wurzelgewächs (—e)	la plante dont on mange la racine	wohlschmeckend	savoureux
das Blattgewächs (—e)	la plante dont on mange les feuilles	nahrhaft	nutritif

		Zeitwörter	
das Sauerkraut (s. pl.)	la choucroute	hacken	piocher
das Spargelbeet (—e)	le carré d'asperges	spaten	bêcher
		schaben	râtisser

Beiwörter		jäten / gäten	sarcler
reif	mûr	graben (u, a)	creuser
welk	fané	rühren	remuer
mürbe	tendre	häufeln	butter
zäh	coriace	begießen (o, o)	arroser
steinhart	dur comme pierre	schälen	peler
faserig	filamenteux	hülsen	écosser
knotig	noueux	aus-graben (u, a)	déterrer
knollig	tuberculeux	aus-reißen (iß, iß)	arracher
glatt	lisse	versetzen	transplanter
runzelig	rugueux	ab-schneiden (itt, itt)	couper
gerippt	côtelé	heim-tragen (u, a)	porter à la maison
zwiebelähnlich	bulbeux	reinigen	nettoyer
sauer	aigre	lesen (a, e)	trier
süß	doux	wachsen (u, a)	croître
bitter	amer	ein-machen	confire
ätzend	caustique	auf-bewahren	conserver
saftig	succulent	ein-stampfen	tasser
zuckerig	sucré	an-machen	assaisonner (salade)
mehlig	farineux	kochen	cuire
wasserig	aqueux	sieden (ott, ott)	faire bouillir
fleischig	charnu	salzen	saler
		schmälzen	graisser

Getreide und verschiedene Pflanzen

Männliche Namen

der Ackerbau (s. pl.)	l'agriculture
der Boden (s. pl.)	le sol
der Acker	le champ
der Samen (—)	la semence
der Halm (—e)	le brin
der Stengel	la tige
der Schnitter	le moissonneur
der Weizen (s. pl.)	le froment
der Roggen (s. pl.)	le seigle
der Hafer	l'avoine
der Mais (s. pl.)	le maïs
der Reis (s. pl.)	le riz
der Grieß (s. pl.)	la semoule
der Reps (s. pl.)	le colza
der Klee (s. pl.)	le trèfle
der Hopfen (s. pl.)	le houblon
der Flachs (s. pl.) ou der Lein (s. pl.)	le lin
der Hanf (s. pl.)	le chanvre
der Kauder (s. pl.)	l'étoupe
der Faden	le fil à coudre
der Mohn (s. pl.)	le pavot
der Senf (s. pl.)	la moutarde
der Krapp (s. pl.)	la garance
der Tabak (s. pl.)	le tabac
der Lawendel (s. pl.)	la lavande
der Wermuth (s. pl.)	l'absinthe

der Oelkuchen (—)	le tourteau
der Steinklee (s. pl.) der Honigklee (s. pl.)	le mélilot
der Hanfacker	la chenevière
der Hanfsamen	le chenevis
der Hanfstengel	la chenevotte
der Rauchtabak	le tabac à fumer
der Schnupftabak	le tabac à priser

Weibliche Namen

die Erde	la terre
die Saat	les semailles
die Ernte	la moisson
die Frucht (s. pl.)	le blé
die Garbe	la gerbe
die Aehre	l'épi
die Achel	la barbe (de l'épi)
die Stoppel	le chaume
die Wurzel	la racine
die Gerste (s. pl.)	l'orge
die Hirse (s. pl.)	le millet
die Grütze (s. pl.)	le gruau
die Kleie (s. pl.)	le son
die Spreu (s. pl.)	les balles de blé
die Mühle	le moulin
die Hülse	l'écosse
die Schote	la gousse
die Kapsel	la capsule
die Bohne	la fève
die Linse	la lentille
die Erbse	le pois
die Wicke	la vesce
die Hechel	la serance
die Münze	la menthe
die Melisse	la mélisse

die Hülsenfrucht (¨ e)	le légume sec
die Saubohne	la fève de marais
die Hanfröste	le rouissage
die Hanfbreche	le brisoir (pour le chanvre)
die Tabakspfeife	la pipe
die Tabaksdose	la tabatière
die Perlgerste	l'orge perlée
die gerollte Gerste	l'orge mondée

BLÉS ET PLANTES DIVERSES

Sächliche Namen		Beiwörter	
das Land	la campagne	hoch	grand, haut
das Feld	le champ	aufrecht	droit
das Korn	le grain	rein	fin
das Getreide	le blé	grob	gros, grossier
das Stroh (s. pl.)	la paille	dicht	dru
das Mehl (s. pl.)	la farine	dünn gesät	clair semé
das Brod (s. pl.)	le pain	lang	long
das Malz (s. pl.)	le malt	kurz	court
das Rohr (¨ e)	le roseau		
das Oel (s. pl.)	l'huile		Zeitwörter
das Werg (s. pl.)	la filasse		
das Garn (s. pl.)	le fil	das Feld bauen	cultiver la terre
		pflügen	} labourer
das Brachfeld	la jachère	ackern	
das Weizenstroh (s. pl.)	la paille de froment	eggen	herser
das Roggenstroh (s. pl.)	la paille de seigle	an-säen	ensemencer
das Zuckerrohr (¨ e)	la canne à sucre	reifen	mûrir
das Repsöl (s. pl.)	l'huile de colza	ernten	moissonner
das Rüböl (s. pl.)	l'huile de navette	sicheln	couper avec la faulx
das Leinöl (s. pl.)	l'huile de lin	mähen	faucher
das Hanfsamenöl (s. pl.)	l'huile de chenevis	dreschen (o, o)	battre avec le fléau
das Flachssamenöl (s.pl.)	l'huile de lin	mahlen (rég., a)	moudre
das Senfmehl (s. pl.)	la farine de moutarde	aus-ziehen (zog, gezogen)	arracher, tirer dehors
das Senfpflaster (—)	le sinapisme	schwingen (a, u)	secouer (le chanvre)
das Spinnrädchen	le rouet	rösten	roussir
		brechen (a, o)	teiller
	Beiwörter	hecheln	serancer
		spinnen (a, o)	filer
grün	vert	haspeln	dévider
gelb	jaune	weben (rég., o)	tisser
reif	mûr	aus-hülsen	écosser
voll	plein	dörren	sécher
leer	vide	brauen	brasser
mager	maigre	stopfen	bourrer (pipe)
fruchtbar	fertile	anzünden	allumer
unfruchtbar	stérile	rauchen	fumer (pipe)
klein	petit	schnupfen	priser (tabac)

Die Mineralien

Männliche Namen

der Berg	la montagne
der Thon (s. pl.)	l'argile
der Lehm (s. pl.)	la terre glaise
der Sand (s. pl.)	le sable
der Kies (s. pl.)	le gravier
der Kalk (s. pl.)	la chaux
der Gyps (s. pl.)	le gypse
der Stein	la pierre
der Stahl (s. pl.)	l'acier
der Schwefel (s. pl.)	le soufre
der Torf (s. pl.)	le tourbe
der Rost (s. pl.)	la rouille
der Trippel (s. pl.)	le tripoli
der Granit (s. pl.)	le granit
der Marmor (s. pl.)	le marbre
der Alabaster (s. pl.)	l'albâtre
der Diamant (—en)	le diamant
der Rubin	le rubis
der Smaragd (—e)	l'émeraude
der Saphir	le saphir
der Topas (—e)	la topaze
der Arsenik (s. pl.)	l'arsénic
der Alaun (s. pl.)	l'alun
der Salpeter (s. pl.)	le salpêtre
der Vitriol (s. pl.)	le vitriol
der Bergmann (leute)	le mineur
der Kieselstein	le caillou
der Baustein	le moëllon
der Quaderstein	la pierre de taille
der Schieferstein	l'ardoise
der Bimsstein	la pierre ponce
der Feuerstein	la pierre à fusil
der Sandstein	le grès
der Bernstein	l'ambre
der Edelstein	la pierre précieuse
der Grünspan (s. pl.)	le vert de gris

Weibliche Namen

die Erde	la terre
die Mine	la mine
die Oeffnung	l'ouverture
die Schacht	le puits de mine
die Schicht	la couche, l'assise
die Grube	la fosse, mine
die Kohle	le charbon
die Kreide	la craie
die Platina	le platine
die Bronze	le bronze
die Perle	la perle
die Koralle	le corail
die Steingrube	la carrière
die Kalkgrube	le bassin à chaux
die Goldgrube	la mine d'or
die Goldküste	la côte d'or
die Steinkohle	la houille
die Braunkohle	la houille brune
die Perlenauster	l'huître perlière
die Perlenbank (¨ e)	le banc de moules perlières
die Perlenfarbe	le gris de perle
die Perlenschnur (¨ e)	le collier de perle

Beiwörter

fest	solide
flüssig	liquide
hart	dur
spröde	cassant
porös	poreux
kristallisirbar	cristallisable
schmelzbar	fusible
auflösbar	soluble
biegsam	flexible
elastisch	élastique
ausdehnbar	ductile
durchsichtig	transparent
undurchsichtig	opaque

LES MINÉRAUX

Sächliche Namen

das Gebirge	la chaîne de montagnes
das Metall (—e)	le métal
das Erz (—e)	le minerai
das Gold (s. pl.)	l'or
das Silber (s. pl.)	l'argent
das Kupfer (s. pl.)	le cuivre
das Messing (s. pl.)	le cuivre jaune
das Eisen (s. pl.)	le fer
das Zinn (s. pl.)	l'étain
das Zink (s. pl.)	le zinc
das Blei (s. pl.)	le plomb
das Blech (s. pl.)	le fer-blanc
das Glas (s. pl.)	le verre
das Salz (—e)	le sel
das Fossil (—ien)	le fossile
das Pech (s. pl.)	la poix
das Harz (s. pl.)	la résine
das Chlor (s. pl.)	le chlore
das Atom (—e)	l'atome
das Theilchen	la molécule
das Mineralreich (s. pl.)	le règne minéral
das Kreidegebirge	la roche crétacée
das Bergwerk (—e)	la mine
das Steinkohlen-Bergwerk (—e)	la houillère
das Golderz (—e)	le minerai d'or
das Quecksilber	le vif-argent
das Gusseisen	la fonte
das Bleiweiss (s. pl.)	la céruse
das Eisenblech (s. pl.)	la tôle
das Steinsalz (s. pl.)	le sel gemme
das Salzwerk (—e)	la salière
das Erdpech	le bitume
das Erdharz	l'asphalte
das Steinöl	le pétrole
das Scheidewasser	l'eau-forte

Beiwörter

entzündlich	inflammable
verbrennbar	combustible
geruchlos	inodore
farblos	incolore
geschmacklos	insipide
vererzt	minéralisé
gediegen	pur
goldhaltig	aurifère

Zeitwörter

hacken	piocher
graben (u, a)	creuser
miniren	miner
spalten ou zerspalten	fendre
sprengen	faire sauter
zersplittern	faire voler en éclats
zerschlagen (u, a)	casser
zermalmen	broyer
zerfallen (ie, a)	tomber en ruine, en poussière
zerpulvern	pulvériser
schmelzen (o, o)	fondre
giessen (o, o)	couler (dans un moule)
schmieden	forger
brennen, (brannte, gebrannt)	brûler
plumbiren	plomber
verkitten	mastiquer
löthen	sonder
versteinern	pétrifier
vergolden	dorer
übersilbern	argenter
überzinnen	étamer
bronziren	bronzer
rosten	rouiller
putzen	nettoyer
übertünchen	plâtrer

4

LES MOTS

Das Weltall und die Erde

Männliche Namen

der Schöpfer	le créateur
der Himmel	le ciel
der Mond (s. pl.)	la lune
der Stern	l'étoile
der Strahl (—es, —en)	le rayon
der Schimmer	la lueur
der Schatten (—)	l'ombre
der Planet (—en)	la planète
der Trabant (—en)	le satellite
der Komet (—en)	la comète
der Schweif	la queue (de la comète)
der Pol (—e)	le pôle
der Grad (—e)	le degré
der Globus (—)	le globe
der Aequator (—e)	l'équateur
der Horizont (—e)	l'horizon
der Strand (s. pl.)	la plage
der See (—s, —n)	le lac
der Teich	l'étang

der Mondschein (s. pl.)	le clair de lune
der Vollmond (s. pl.)	la pleine lune
der Neumond (s. pl.)	la nouvelle lune
der Polarstern	l'étoile polaire
der Fixstern	l'étoile fixe
der Erdball	le globe terrestre
der Nordpol (—e)	le pôle arctique
der Südpol (—e)	le pôle antarctique
der Planiglob (—e)	le planisphère
der Mittagskreis	le méridien
der Wendekreis	l'équinoxe
der Polarkreis	le cercle polaire
der Thierkreis	le zodiaque
der Parallelkreis	le parallèle
der Meerhafen	le port de mer
der Meerbusen (—)	le golfe
der Wellenschlag	{ le mouvement des vagues

Weibliche Namen

die Schöpfung	la création
die Natur	la nature
die Welt	le monde
die Kugel	la sphère
die Zone	la zone
die Sonne	le soleil
die Bahn	l'orbite
die Finsterniß (—sse)	l'éclipse
die Wolke	le nuage
die Luft (¨ e)	l'air
die Erde	la terre
die Achse	l'axe
die Länge	la longitude
die Breite	la latitude
die See (s. pl.)	la mer
die Brandung (s. pl.)	{ le brisement des vagues
die Düne	la dune
die Küste	la côte
die Fluth	le flux
die Ebbe	le reflux
die Insel	l'île
die Bucht	l'anse
die Rhede	la rade
die Untiefe	le bas-fond

die Halbkugel	l'hémisphère
die Erdkugel	le globe terrestre
die Sonnenbahn	l'écliptique
die Sonnenfinsterniß (-sse)	l'éclipse de soleil
die Mondfinsterniß (-sse)	l'éclipse de lune
die Milchstraße	la voie lactée
die Meerenge	le détroit
die Landenge	l'isthme
die Halbinsel	la presqu'île
die Landzunge	la langue de terre
die Sandbank (¨ e)	le banc de sable
die Schlagwelle	la lame

ET LES GENRES

L'UNIVERS ET LA TERRE

Sächliche Namen

das Weltall (s. pl.)	l'univers
das Gewölbe	la voûte
das Firmament (—e)	le firmament
das Gestirn (—e)	l'astre
das Licht	la lumière
das Element (—e)	l'élément
das Wasser (—)	l'eau
das Feuer (—)	le feu
das Gas (—e)	le gaz
das Meer (—e)	la mer
das Riff (—e)	le récif
das Bett (—es, —en)	le lit
das Ufer (—)	le bord
das Gestade (—)	la grève
das Becken	le bassin (d'un fleuve)
das Gebirge	les monts

das Himmelsgewölbe (—)	la voûte céleste
das Sternbild	la constellation
das Nordlicht	l'aurore boréale
das Irrlicht	le feu follet
das Morgenroth (s. pl.)	l'aurore
das erste Viertel	le premier quartier
das letzte Viertel	le dernier quartier
das Weltmeer (—e)	l'océan
das Binnenmeer (—e)	la mer intérieure
das Meerwasser (s. pl.)	l'eau de mer
das Salzwasser (s. pl.)	l'eau salée
das Flachland	le pays plat
das Festland	le continent
das Tiefland	le pays bas
das Alpenland	le pays alpestre
das Erdbeben	le tremblement de terre
das Ausbrechen	l'éruption
das rechte Ufer	la rive droite
das linke Ufer	la rive gauche

Beiwörter

blau	bleu
heiter	serein
hell	clair
wolkenfrei	sans nuages
bewölkt	nuageux
finster	sombre
gestirnt	étoilé
natürlich	naturel
südlich	méridional
nördlich	septentrional
östlich	oriental
westlich	occidental
glänzend	brillant
strahlend	radieux
funkelnd	étincelant
lichtvoll	lumineux

Zeitwörter

auf-gehen (ging, gegangen)	se lever (astre)
steigen (ie, ie)	monter
sinken (a, u)	descendre
unter-gehen (ging, gegangen)	se coucher (astre)
glänzen	briller
funkeln	étinceler
flimmern	luire
schimmern	luire
scheinen (ie, ie)	paraître
beleuchten	éclairer
erwärmen	réchauffer
bewässern	arroser
befeuchten	humecter
befruchten	rendre fertile
regnen	pleuvoir
herab-strömen	descendre à flots, à verse
bespülen	baigner, couler devant
fort-schwemmen	entraîner (en parlant des eaux)

LES MOTS

Das Weltall und die Erde

Männliche Namen | Weibliche Namen

der Strom	le fleuve, le torrent	die Furt	le gué
der Fluß	la rivière	die Quelle	la source
der Bach	le ruisseau	die Strömung	le courant
der Strudel (—)	le tournant	die Mündung	l'embouchure
der Wirbel	le tourbillon	die Ueberschwemmung	l'inondation
der Kanal	le canal	die Pfütze	la flaque
der Graben	le fossé	die Brücke	le pont
der Damm	la digue	die Schleuse	l'écluse
der Steg	la passerelle	die Welle ou die Woge	} la vague
der Pfuhl	la mare	die Ebene	la plaine
der Schlamm	la vase	die Wüste	le désert
der Sumpf	le marais	die Steppe	la steppe
der Morast	le marécage	die Oase	l'oasis
der Schaum	l'écume	die Abdachung	la pente
der Schmutz (s. pl.)	la boue	die Landschaft	le paysage
der Sand (s. pl.)	le sable	die Wand (¨ e)	le flanc
der Fels (— en)	le rocher	die Lawine	l'avalanche
der Berg	la montagne	die Kluft (¨ e)	la gorge
der Gipfel	le sommet	die Schlucht	le ravin
der Fuß	le pied	die Höhle	la caverne
der Hügel	la colline	die Anhöhe	l'élévation
der Gletscher	le glacier	die Aussicht	la vue
der Abgrund	le précipice	die Grenze	la frontière
der Vulkan (— e)	le volcan	die Lava (— ven)	la lave
der Krater (—)	le cratère	die Flamme	la flamme
der Rauch	la fumée	die Kohle	le charbon
der Dampf	la vapeur	die Asche	la cendre
der Funken (—)	l'étincelle		
der Nebenfluß	l'affluent	die Drehbrücke	le pont tournant
der Zusammenfluß	le confluent	die Gebirgskette	la chaine des montagne
der Wasserfall	la cascade	die Stromabdachung	le versant
der Bergrücken	le dos de la montagne	die Tiefebene	la plaine basse
der Engpaß (— pässe)	le défilé	die Hochebene	le plateau

L'UNIVERS ET LA TERRE (Suite)

Sächliche Namen

das Thal	la vallée
das Schiff (—e)	le navire
das Ruder (—)	la rame
das Vorgebirge	le promontoire
das Austreten (s. pl.)	le débordement
das Flußgebiet (—e)	le bassin d'un fleuve
das Flußbett (—es, —en)	le lit d'un fleuve
das Blockschiff (—e)	le radeau
das Holzfloß (¨e)	le radeau de bois
das Dampfboot (—e)	le bateau à vapeur
das Längethal	la vallée longitudinale
das Querthal	la vallée transversale

Beiwörter

hoch	haut
nieder	bas
steil	raide
schroff	escarpé
bergig	montagneux
felsig	rocheux
waldig	boisé
sumpfig	marécageux
feuerspeiend	crachant du feu
schmutzig	boueux
kothig	fangeux
schlammig	vaseux
bergauf	en montant (aller)
bergab	en descendant (aller)
malerisch	pittoresque
kegelförmig	conique
still	tranquille
ruhig	calme
windig	venteux
rauschend	mugissant

Zeitwörter

schiffen	naviguer
segeln (nach)	faire voile (vers)
rudern	ramer
schwimmen (a, o)	nager
sich baden	se baigner
flößen	flotter
durchwaten	passer à gué (a. insép., n. sép.)
aus-brechen (a, o)	déborder
rauschen	mugir
strudeln	tournoyer
branden	ferler
überschwemmen	inonder
stürmen	faire de l'orage
fließen (o, o)	couler
durchströmen	couler par
entspringen (a, u)	prendre sa source
schäumen	écumer
verdunsten	évaporer
gefrieren (o, o)	geler
sich ab-dachen	aller en pente
speien (ie, ie)	vomir (volcan)
aus-werfen (a, o)	
hinauf-steigen (ie, ie)	monter sur
herunter-steigen (ie, ie)	descendre de
erklettern	escalader
klettern über	franchir
beholzen mit	boiser de
holzen	couper du bois
grenzen an etwas	confiner à q. ch.
begrenzen	limiter
sich stürzen	se précipiter
sich verirren	s'égarer

Das Wetter und die Jahreszeiten

Männliche Namen		Weibliche Namen	
der Wind	le vent	die Witterung	la température
der Regen	la pluie	die Atmosphäre	l'atmosphère
der Tropfen (—)	la goutte	die Luft	l'air
der Blitz	l'éclair	die Wolke	le nuage
der Donner	le tonnerre	die Hitze	la chaleur
der Sturm	la tempête	die Dürre	la sécheresse
der Hagel	la grêle	die Brunst	l'ardeur
der Thau	la rosée	die Kälte	le froid
der Nebel	le brouillard	die Schloße	le grelon
der Reifen	la gelée blanche	die Scholle	la motte (de terre)
der Schnee	la neige	die Flocke	le flocon
der Winter	l'hiver	die Zeit	le temps
der Frühling	le printemps	die Stunde	l'heure, la lieue
der Sommer	l'été	die Minute	la minute
der Herbst	l'automne	die Sekunde	la seconde
der Morgen	le matin	die Uhr	l'horloge
der Mittag	midi	die Nacht	la nuit
der Vormittag	la matinée		
der Nachmittag	l'après-dînée	die Lufterscheinung	le météore
der Abend	le soir	die Feuerkugel	le bolide
der Vorabend	la veille	die Wasserhose	la trombe
		die Windstille	le calme
der Südwind	le vent du sud	die Feuersbrunst	l'incendie
der Nordwind	le vent du nord	die Feuerglocke	le tocsin
der Westwind	le vent de l'est	die Feuerspritze	la pompe à feu
der Ostwind	le vent de l'ouest	die Eisscholle	le glaçon
der Wirbelwind	le tourbillon	die Schneeflocke	le flocon de neige
der Luftzug	le courant d'air	die Schlittenfahrt	la promenade en traineau
der Platzregen	l'averse	die Schlittenbahn	chemin pour le traineau
der Regenbogen (—)	l'arc-en-ciel	die Gleitbahn	la glissoire
der Regenschirm	le parapluie	die Mitternacht	minuit
der Blitzableiter	le paratonnerre	die Morgendämmerung	le crépuscule du matin
der Blitzstrahl (-es, -en)	la foudre	die Abenddämmerung	le crépuscule du soir
der Donnerschlag	le coup de tonnerre	die Morgenröthe	l'aurore
der Schneeballen (—)	la pelotte de neige	die Sanduhr	le sablier
der Schlittschuh (— e)	les patins	die Wasseruhr	la clepsydre
der Schlittschuhläufer	le patineur	die Jahreszahl	le millésime

LE TEMPS ET LES SAISONS

Sächliche Namen

das Wetter	le temps
das Gewitter	l'orage
das Gewölke (s. pl.)	les nues
das Donnern (s. pl.)	l'action de tonner
das Feuer (—)	le feu
das Licht	la lumière
das Wasser	l'eau
das Eis	la glace
das Jahr (—e)	l'année
das Datum (Daten)	la date
das schöne Wetter	le beau temps
das schlechte Wetter	le mauvais temps
das Wetterleuchten (s. pl.)	les éclairs
das Hellbunkel (s. pl.)	le clair-obscur
das Regenwasser	l'eau de pluie
das Glatteis (s. pl.)	le verglas
das Schaltjahr (—e)	l'année bissextile
das Sonnenjahr (—e)	l'année solaire
das Mondjahr (—e)	l'année lunaire
das bürgerliche Jahr (-e)	l'année civile
das Jahrhundert (—e)	le siècle
das halbe Jahr (—e)	six mois, semestre
das Vierteljahr (—e)	trois mois, trimestre
das Jahrbuch	les annales

Beiwörter

schön	beau
schlecht	mauvais
angenehm	agréable
warm	chaud
heiß	brûlant
schwer	lourd
schwül	étouffant
kühl	frais
kalt	froid
trüb	sombre
nebelig	brumeux

Beiwörter

regnerisch	pluvieux
stürmisch	orageux
trocken	sec
naß	mouillé
feucht	humide

Zeitwörter

winden	venter
wehen	souffler (vent)
regnen	pleuvoir
tröpfeln	tomber en petites gouttes
blitzen	faire des éclairs
donnern	tonner
rollen	rouler
krachen	craquer, éclater
zerschmettern	foudroyer
wettern	faire de l'orage
stürmen	faire de la tempête
unter-stehen (stand, gestanden)	se mettre à l'abri
hageln	grêler
schneien	neiger
gefrieren (o, o)	geler, congeler
auf-frieren (o, o)	dégeler
kalt machen	faire froid
sich erkälten	se refroidir
sich erwärmen	se réchauffer
bahnen	frayer un chemin
Schlitten fahren (u, a)	aller en traîneau
Schlittschuh laufen (ie, au)	patiner
gleiten (itt, itt)	glisser
werfen (a, o)	jeter
befeuchten	humecter
überschwemmen	inonder
nutzen	être utile
schaden	être nuisible
verwüsten	dévaster
vernichten	anéantir

Monate, Tage und Festtage

Männliche Namen

der Monat (—e)	le mois
Januar ou Wintermonat	janvier
Februar ou Hornung	février
März ou Lenzmonat	mars
April ou Ostermonat	avril
Mai ou Wonnemonat	mai
Juni ou Brachmonat	juin
Juli ou Heumonat	juillet
August ou Erntemonat	août
September ou Herbstmonat	septembre
Oktober ou Weinmonat	octobre
November ou Windmonat	novembre
Dezember ou Christmonat	décembre
der Tag (—e)	le jour
der Werktag (—e)	le jour ouvrable
der Sonntag (—e)	le dimanche
der Montag (—e)	le lundi
der Dienstag (—e)	le mardi
der Mittwoch (—e)	le mercredi
der Donnerstag (—e)	le jeudi
der Freitag (—e)	le vendredi
der Samstag (—e) / der Sonnabend (—e)	le samedi
der Festtag (—e)	le jour de fête
der Neujahrstag (—e)	le jour de l'an
der Palmsonntag (—e)	le dimanche des rameaux
der grüne Donnerstag (-e)	le jeudi saint
der Charfreitag (—e)	le vendredi saint
der Ostersamstag (—e)	le samedi de Pâques
der Ostermontag	le lundi de Pâques
der Pfingstmontag	le lundi de Pentecôte
der Namenstag (—e)	la fête
der Geburtstag (—e)	le jour de naissance
der Jahrestag (—e)	l'anniversaire
die Hundstage	la canicule

Weibliche Namen

die Woche (—n)	la semaine
die Betwoche (—n)	la semaine des rogations
die Charwoche (—n)	la semaine sainte
die Fastnacht	le carnaval
die Maske (—n)	le masque
die Maskerade (—n)	la mascarade
die Fastenzeit (—e)	le carême
die Mittfasten (pl.)	la mi-carême
Weihnachten (pl.)	Noël
Ostern (pl.)	Pâques
Pfingsten (pl.)	Pentecôte
Allerheiligen (pl.)	la Toussaint
Allerseelen (pl.)	le jour des trépassés
die Himmelfahrt	l'Ascension
die Lichtmesse	la Chandeleur

Beiwörter

jährlich	annuel
monatlich	mensuel
wöchentlich	hebdomadaire
täglich	quotidien, diurne
nächtlich	nocturne
alltäglich	de tous les jours
festlich / feierlich	solennel
pomphaft	pompeux
prachtvoll	magnifique
glänzend	brillant
heilig	saint
fromm	pieux
andächtig	recueilli
gottesfürchtig	craignant Dieu
bescheiden	modeste
demüthig	humble
traurig	triste
lustig	joyeux

MOIS, JOURS ET JOURS DE FÊTE

Sächliche Namen

das Jahr (—e)	l'année
das Neujahr (s. pl.)	le nouvel an
das Neujahrsgeschenk (-e)	le cadeau de nouvel an
das Fest (—e)	la fête
das Weihnachtsfest (-e)	la fête de Noël
das Christfest (—e)	
das Dreikönigsfest (—e)	la fête des trois Rois
das Osterfest (—e)	la fête de Pâques
das Osterlamm	l'agneau pascal
das Osterei	l'œuf de Pâques
das Pfingstfest (—e)	la fête de Pentecôte
das Patronsfest (—e)	la fête patronale

Beiwörter

tugendhaft	vertueux
ehrlich	honnête
ehrwürdig	vénérable
unschuldig	innocent

Zeitwörter

wünschen	désirer, souhaiter
einem das Neujahr anwünschen	souhaiter la bonne année à quelqu'un
Geschenke geben (a, e)	donner des cadeaux
Geschenke machen	faire des cadeaux
Geschenke erhalten (ie, a)	recevoir des cadeaux
einen Ball geben (a, e)	donner un bal
auf den Ball gehen (ging, gegangen)	aller au bal
sich verkleiden	se déguiser
sich maskiren	se masquer
tanzen	danser
walzen	valser
sich lustig machen	se divertir
sündigen	pécher
lästern	blasphémer
fluchen	jurer, blasphémer
sich ärgern	se fâcher

Zeitwörter

zürnen	être en colère
hassen	haïr
lügen (o, o)	mentir
betrügen (o, o)	tromper
stehlen (a, o)	voler (q. ch.)
bestehlen (a, o)	voler (q. q.)
verrathen (ie, a)	trahir
beleidigen	offenser
schlagen (u, a)	frapper, battre
Buße thun (that, gethan)	faire pénitence
beten	prier
fasten	jeûner
Almosen geben (a, e)	faire l'aumône
beichten	confesser
die Ostern machen	faire les Pâques
verbessern	réparer
ersetzen	compenser
zurück-geben (a, e)	rendre
den Fehler bereuen	se repentir de la faute
sich bessern	se corriger
sich gut auf-führen	se bien conduire
tadeln	blâmer
strafen	punir
loben	louer
belohnen	récompenser
heiligen	sanctifier
entheiligen	profaner
feiern	fêter
weihen	consacrer
die Ostereier holen	chercher les œufs de Pâques
schicken	envoyer
sieden, (ott, ott)	cuire (les œufs)
färben	mettre en couleur
an-stoßen (ie, o)	heurter contre, toquer
schälen	enlever la coque, peler

Gott und die Religion

Männliche Namen		Weibliche Namen	
der Gott (¨ er)	le Dieu	die Schöpfung (s. pl.)	la création
der Abgott (¨ er)	l'idole	die Allmacht (s. pl.)	la toute-puissance
der Schöpfer	le Créateur	die Vorsehung (s. pl.)	la providence
der Erlöser	le Sauveur	die Offenbarung	la révélation
der Himmel	le ciel	die Religion (—en)	la religion
der Engel	l'ange	die Abgötterei	l'idolâtrie
der Erzengel	l'archange	die Gottlosigkeit	l'impiété
der Selige (—n)	le bienheureux	die Welt	le monde
der Heilige (—n)	le saint	die Hölle	l'enfer
der Geist (—er)	l'esprit	die Unterwelt	les enfers
der Tod	la mort	die Gotteslehre	la théologie
der Verdammte (—n)	le damné	die Götterlehre	la mythologie
der Atheist (—en)	l'athée	die Bibel	la Bible
der Atheismus (s. pl.)	l'athéisme	die Taufe	le baptême
der Freidenker (—)	le libre-penseur	die Kommunion	la communion
der Heide (—n)	le païen	die Confirmation	la confirmation
der Muselmann (¨ er)	le musulman	die Beichte	la confession
der Jude (—n)	le juif	die Lossprechung	l'absolution
der Christ (—en)	le chrétien	die Genugthuung	la satisfaction
der Katholik (—en)	le catholique	die Buße	la pénitence
der Protestant (—en)	le protestant	die Reue	le repentir
der Israelit (—en)	l'israélite	die letzte Oelung	l'extrême-onction
der Patriarch (—en)	le patriarche	die Hoffnung	l'espérance
der Prophet (—en)	le prophète	die Liebe	la charité
der Apostel (—)	l'apôtre	die Andacht	la dévotion
der Jünger (—)	le disciple	die Gottesverehrung	l'adoration de Dieu
der Märtyrer (—)	le martyr	die Heiligung	la sanctification
der Glauben (—)	la foi	die Seligsprechung	la béatification
der Aberglauben (—)	la superstition	die Erlösung	la rédemption
der Unglauben (—)	l'incrédulité	die Auferstehung	la résurrection
der Gläubige (—n)	le fidèle	die Himmelfahrt	l'ascension
der Neubekehrte (—n)	le néophyte	die Glückseligkeit	la félicité
der Abtrünnige (—n)	l'apostat	die Unsterblichkeit	l'immortalité
der Frömmler	cagot	die Ewigkeit	l'éternité

DIEU ET LA RELIGION

Sächliche Namen

das Geschöpf (—e)	la créature
das Wesen	l'être
das Dasein (s. pl.)	l'existence
das Leben	la vie
das ewige Leben	la vie éternelle
das Paradies (s. pl.)	le paradis
das Feuer	le feu
das Fegfeuer	le purgatoire
das Opfer (—)	le sacrifice
das Opferfeuer	le feu du sacrifice
das Opferfest (—e)	la fête des sacrifices
das Schlachtopfer (—)	la victime
das Meßopfer (—)	le sacrifice de la messe
das Bild	l'image
das Götzenbild	l'idole
das Heidenthum	le paganisme
das Judenthum	le judaïsme
das Christenthum	le christianisme
das Evangelium (—ien)	l'Évangile
das alte Testament (—e)	l'Ancien Testament
das neue Testament (—e)	le Nouveau Testament
das Sakrament (—e)	le sacrement
das Abendmahl	la sainte cène
das Gottesgericht (—e)	le jugement de Dieu
das letzte Gericht	le jugement dernier
das Lied	le chant
das Gebet (—e)	la prière
das Morgengebet (—e)	la prière du matin
das Nachtgebet (—e)	la prière du soir
das Tischgebet (—e)	la prière avant ou après le repas
das Vaterunser (—)	le Pater
das Gebot (—e)	le commandement
die zehn Gebote	les dix commandements

Beiwörter

göttlich	divin
himmlisch	céleste
gnädig	clément
barmherzig	miséricordieux
streng	sévère
gerecht	juste
allmächtig	tout-puissant
heilig	saint
ewig	éternel
vollkommen	parfait
leichtgläubig	crédule
abergläubig	superstitieux
scheinheilig	hypocrite
fanatisch	fanatique
tolerant	tolérant

Zeitwörter

beten	prier
bitten (bat, gebeten)	solliciter
an-beten	adorer
verehren	vénérer
an-rufen (ie, u)	invoquer
danken	remercier
opfern	sacrifier
glauben	croire
hoffen	espérer
lieben	aimer
die Sakramente empfangen	recevoir les sacrements
erlösen	sauver
auf-erstehen (erstand, erstanden)	ressusciter
richten	juger
verdammen	condamner
bekehren	convertir

Krankheiten

Männliche Namen		Weibliche Namen	
der Arzt	le médecin	die Krankheit	la maladie
der Wundarzt	le chirurgien	die Seuche ou Sucht	l'épidémie
der Thierarzt	le vétérinaire	die Arznei	le remède
der Apotheker	le pharmacien	die Mißgestaltung	la difformité
der Kranke (—n)	le malade	die Unpäßlichkeit	l'indisposition
der Krüppel (—)	l'homme contrefait	die Ohnmacht	l'évanouissement
der Zwerg	le nain	die Lähmung	la paralysie
der Riese (—n)	le géant	die Geschwulst (¨ e)	l'enflure
der Buckel (—)	le bossu	die Blutabergeschwulst	l'anévrisme
der Stelzfuß	la jambe de bois	die Verenkung (—en)	la luxation
der Schmerz (-ens, -en)	la douleur	die Frostbeule	l'engelure
der Schweiß (s. pl.)	la sueur	die Schrunde	la crevasse
der Krampf	la crampe	die Warze	la verrue
der Schwindel	le vertige	die Krätze	la gale
der Schauer	le frisson	die Flechte	la dartre
der Schlag	l'apoplexie	die Bräune	l'angine
der Bruch	l'hernie	die Gicht	la goutte
der Schnupfen (—)	le rhume de cerveau	die Kolik	la colique
der Husten (—)	la toux	die Cholera	le choléra
der Katarrh (— e)	le catarrhe	die Pest	la peste
der Blutsturz	l'hémorrhagie	die Blattern	la petite vérole
der Durchbruch	la diarrhée	die Schutzblattern	la vaccine
der Ausschlag	les boutons	die Rötheln	la rougeole
der Aussatz	la lèpre	die Bleichsucht	les pâles couleurs
der Rothlauf	l'érésipèle	die Gelbsucht	la jaunisse
der Krebs	le cancer	die Wassersucht	l'hydropisie
der Fluß	la fluxion	die Fallsucht	l'épilepsie
der Schlagfluß	l'apoplexie	die Auszehrung	la phthisie
der Knochenfraß	la carie des os	die Entzündung	l'inflammation
der Scharbock	le scorbut	die Brustentzündung	la fluxion de poitrine
der Kropf	le goître	die Lungenentzündung	la pneumonie
der Aberkropf (—)	la varice	die Milzentzündung	l'inflammation de la rate
der Wurm (¨ er)	le panaris	die Verstopfung (—en)	la constipation
der Staar	la cataracte	die Unverdaulichkeit(-en)	l'indigestion
der Blasenstein	la pierre	die Ruhr	la dyssenterie
der Todeskampf (¨ e)	l'agonie	die Narrheit	la folie

MALADIES

Sächliche Namen

das Leben	la vie
das Gebrechen (—)	l'infirmité
das Arzneimittel (—)	le médicament
das Recept (—e)	la recette
das Fieber	la fièvre
das Nervenfieber	la fièvre nerveuse ou typhoïde
das Schleimfieber	la fièvre muqueuse
das Scharlachfieber	la fièvre scarlatine
das Nesselfieber	la fièvre urticaire
das Irrereden (s. pl.)	le délire
das Weh (—e)	le mal
das Kopfweh (s. pl.)	le mal de tête
das Zahnweh (s. pl.)	le mal de dents
das Ohrenweh (s. pl.)	le mal d'oreilles
das Halsweh (s. pl.)	le mal de gorge
das Magenweh (s. pl.)	le mal d'estomac
das Bauchweh (s. pl.) ou das Bauchgrimmen (s. pl.)	le mal de ventre
das Heimweh (s. pl.)	le mal du pays
das Seitenstechen (s. pl.)	le point de côté
das Herzklopfen (s. pl.)	les battements de cœur
das Erbrechen (s. pl.)	les vomissements
das Abweichen (s. pl.)	le devoiement
das Verdauen (s. pl.)	la digestion
das Podagra (s. pl.) ou das Zipperlein (s. pl.)	la goutte aux pieds
das Alpdrücken (s. pl.)	le cauchemar
das Geschwür (—e)	l'abcès
das Blutgeschwür (—e)	le furoncle, clou
das Hühnerauge (—en)	le cor

Beiwörter

frisch und gesund	sain et sauf
unpässlich	indisposé
gebrechlich	infirme
gefährlich	dangereux

Beiwörter

ansteckend	contagieux
epidemisch	épidémique
lahm	paralysé
engbrüstig	asthmatique
schwindsüchtig	phthisique
wassersüchtig	hydropique
fallsüchtig	épileptique
blass	pâle
vollblütig	sanguin
blutlos	anémique

Zeitwörter

unwohl sein	être mal à l'aise
sich krank fühlen	se sentir malade
leiden (itt, itt)	souffrir
sich beschweren	se plaindre
jammern	se lamenter
seufzen	gémir
sich ins Bett legen	se mettre au lit
den Arzt rufen lassen (ie, a)	faire appeler le médecin
consultiren	consulter
verordnen	ordonner
holen	chercher
ein-nehmen (nahm, genommen)	prendre médecine
schmieren	enduire de
ein-reiben (ie, ie)	frictionner
ab-kühlen	rafraîchir
auf-schwellen (o, o)	enfler
ab-schwellen (o, o)	désenfler
auf-schneiden (itt, itt)	ouvrir en coupant
auf-stechen (a, o)	ouvrir en piquant
aus-drücken	exprimer (un abcès)
verbinden (a, u)	bander
verkrüppeln	estropier
heilen	guérir
auf-stehen (stand, gestanden)	se lever
spazieren gehen (ging, gegangen)	se promener
impfen	vacciner

Verwundungen und Heilmittel

Männliche Namen		Weibliche Namen	
der Schnitt	le coup, la coupure	die Wunde	la blessure
der Messerschnitt	le coup de couteau	die Narbe	la cicatrice
der Schuß	le coup (de feu)	die Ritze	l'égratignure
der Flintenschuß	le coup de fusil	die Schürfe	l'écorchure
der Pistolenschuß	le coup de pistolet	die Beule	la bosse, l'enflure
der Stich	le coup (avec une arme pointue)	die Quetschung	la contusion
		die Verstümmelung	la mutilation
der Dolchstich	le coup de poignard	die Abnahme	
der Degenstich	le coup d'épée	die Amputation	l'amputation
der Fleuretstich	le coup de fleuret	die Säge	la scie
der Hieb	le coup (avec une arme lourde)	die Schere	les ciseaux
		die Nadel	l'aiguille
der Säbelhieb	le coup de sabre	die Schindel	l'éclisse
der Axthieb	le coup de hache	die Binde	le bandage
der Rand ("er)	la lèvre (d'une blessure)	die Schlinge	l'écharpe
der Bruch	la fracture	die Krücke	la béquille
der Beinbruch	la fracture de jambe	die Spritze	la seringue
der Verlust	la perte	die Lanzette	la lancette
der Blutverlust	la perte de sang	die Scharpie	la charpie
der Brand (s. pl.)	la gangrène	die Schleiße	
der Eiter	le pus	die Materie	le pus
der Umschlag	la compresse	die Salbe	l'onguent
der Fingerling	le doigtier (d'un gant)	die Kampferpommade	la pommade camphrée
der Faden	le fil	die Pille	la pilule
der Balsam (s. pl.)	le baume	die Tisane	la tisane
der Kampfer	le camphre	die Aloe	l'aloès
der Aderlaß	la saignée	die Chinarinde	le quinquina
der Blutegel	la sangsue	die Diät	la diète
der Schweiß	la sueur	die Ruhe	le repos
der Trank	la potion	die Besserung	la convalescence
der Schlaf	le sommeil	die Genesung	la guérison
der Schlaftrank	la potion sommifère	die Badekur	les eaux (bains)
der Tropfen	la goutte (d'un liquide)	die Badstube	le cabinet de bains
der Schweißtropfen	la goutte de sueur	die Badewanne	la baignoire
der Stuhlgang	la selle (médecine)		
der Nachtstuhl	la chaise percée		

BLESSURES ET REMÈDES

Sächliche Namen			Beiwörter	
das Brandmal	la brûlure		schmerzhaft	douloureux
das Besteck (—e)	la trousse		verkrüppelt	estropié
das Band	la bande		verstümmelt	mutilé
das Mittel	le remède		hinkend	boiteux
das Aderlassen (s. pl.)	la saignée		elend	misérable
das Schröpfen (s. pl.)	l'application des ventouses		unglücklich	malheureux
das Schröpfglas	la ventouse		**Zeitwörter**	
das Haarseil (—e)	le séton		verwunden	blesser
das Klystier (—e)	le lavement		ritzen	égratigner
das Abführen (s. pl.)	la purge		schürfen	écorcher
das Abführungsmittel	la purgation		verrenken	luxer, déboîter
das Glaubersalz (s. pl.)	le sel de glauber		verstauchen	fouler (le pied)
das Bittersalz (s. pl.)	le sulfate de magnésie		brechen (a, o)	casser (un bras)
das Ricinöl (s. pl.)	l'huile de ricin		ein-schienen ou ein-schindeln	éclisser
das Brechmittel	le vomitif		ab-nehmen (nahm, genommen)	amputer (un membre)
das Schutzmittel	le préservatif		amputiren	amputer q. q.
das laue Wasser (s. pl.)	l'eau tiède		bluten	saigner (perdre du sang)
das Gurgelwasser	le gargarisme		verbluten	mourir par hémorrhagie
das Kataplasma (—en)	le cataplasme		schröpfen	ventouser
das Pflaster (—)	l'emplâtre		zur Ader lassen (ie, a)	saigner (tirer du sang)
das Zugpflaster (—)	le vésicatoire		Schleiße rupfen	tirer de la charpie
das Senfpflaster (—)	le sinapisme		ab-führen	purger
das Heftpflaster (—)	le sparadrap		zum Abführen ein-nehmen (nahm, genommen)	se purger
das Cerat (s. pl.)	le cérat		sich gurgeln	se gargariser
das Pulver (—)	la poudre		an Krücken gehen (ging, gegangen)	marcher à des béquilles
das Chloroform (s. pl.)	le chloroforme		hinken (a, u)	boiter
das Laudanum (s. pl.)	le laudanum		schwitzen	suer
das Opium (s. pl.)	l'opium		baden	se baigner
das Gift (—e)	le poison		ein Bad nehmen (nahm, genommen)	prendre un bain
das Gegengift (—e)	le contre-poison		verschlimmern	empirer
das Bad	le bain		irre reden	délirer
das Fußbad	le bain de pied		röcheln	râler
das Abzapfen (s. pl.)	la ponction		sterben (a, o)	mourir
			ein-balsamiren	embaumer

Seelenkräfte

Männliche Namen		Weibliche Namen	
der Geist (—er)	l'esprit	die Seele	l'âme
der Verstand (s. pl.)	l'entendement	die Vernunft (s. pl.)	la raison
der Begriff	l'idée, la notion	die Einsicht	l'intelligence
der Gedanken (—s, —)	la pensée	die Freiheit	la liberté
der Entschluß	la détermination	die Fähigkeit	la capacité
der Willen (s. pl.)	la volonté	die Aufmerksamkeit	l'attention
der Wunsch	le désir	die Vergeßlichkeit	l'oubli
der Frieden	la paix	die Ueberlegung	la réflexion
der Zweifel	le doute	die Ueberzeugung	la conviction
der Trieb	l'instinct	die Empfindung	le sentiment
der Groll (s. pl.)	la rancune	die Erinnerung	le souvenir
der Aerger (s. pl.)	le dépit	die Einbildung	la fantaisie
der Schrecken	la frayeur	die Meinung	l'opinion
der Sinn	le sens	die Ueberraschung	la surprise
der Geschmack (s. pl.)	le goût	die Erfahrung	l'expérience
der Geruch	l'odeur, l'odorat	die Fassung	la résignation
der Geruchsinn	l'odorat	die Liebe	l'amour, l'affection
der Tastsinn	le toucher	die Leidenschaft	la passion
der Eigensinn	l'entêtement	die Wuth	la fureur
der Leichtsinn	la légèreté	die Furcht	la crainte

Beiwörter		Beiwörter	
geistreich	spirituel	vernünftig	raisonnable
verständig	intelligent	frei	libre
verständlich	intelligible	fähig	capable
begreiflich	compréhensible	aufmerksam	attentif
denkbar	concevable	vergeßlich	oublieux
willig	de bonne volonté	überzeugt	convaincu
friedsam	paisible	empfindlich	sensible
zweifelhaft	douteux	überrascht	surpris
ärgerlich	fâché	erfahren	expérimenté
schrecklich	effrayant	lieblich	aimable
schmackhaft	savoureux	leidenschaftlich	passionné
wohlriechend	odoriférant	wüthend	furieux
eigensinnig	entêté	wüthig	
leichtsinnig	léger	furchtsam	craintif
		fürchterlich	terrible

FACULTÉS DE L'AME

Sächliche Namen

das Genie	le génie
das Talent (— e)	le talent
das Urtheil (— e)	le jugement
das Vorurtheil (— e)	le préjugé
das Gedächtniß (— e)	la mémoire
das Gewissen	la conscience
das Interesse	l'intérêt
das Vertrauen	la confiance
das Betragen	la conduite
das Erstaunen	l'étonnement
das Erbarmen	la commisération
das Mitleiden ou das Bedauern	la compassion
das Vergnügen	le plaisir, contentement
das Verbrechen	le crime

Beiwörter

talentvoll	plein de talent
gewissenhaft	consciencieux
vertraulich	confidentiel
erstaunlich	étonnant
erbärmlich	pitoyable
bedauernswerth	digne de pitié
vergnügt	content
verbrecherisch	criminel

Zeitwörter

verständigen	éclairer
sich verständigen	s'entendre, s'accorder
begreifen (iff, iff)	comprendre
denken (dachte, gedacht)	penser
sich entschließen (o, o)	se décider
wollen (will, willst, wollte, gewollt)	vouloir
wünschen	désirer, souhaiter
befriedigen	contenter
zweifeln	douter
verzweifeln	désespérer

Zeitwörter

grollen	porter rancune
sich ärgern	se fâcher
erschrecken (a, o)	s'effrayer
schmecken	goûter
riechen (o, o)	sentir
ein-sehen (a, e)	comprendre
befreien	délivrer
vergessen (aß, e)	oublier
überlegen	méditer
überzeugen	convaincre
empfinden (a, u)	éprouver
sich erinnern	se souvenir
sich einbilden	s'imaginer
meinen	croire
überraschen	surprendre
erfahren (u, a)	éprouver, faire l'expérience de
lieben	aimer
leiden (itt, itt)	souffrir
müthen	rager
fürchten	craindre
urtheilen	juger
vertrauen	confier
sich betragen (u, a)	se conduire
erstaunen	étonner
sich erbarmen	avoir pitié de
bedauern	plaindre, regretter
begnügen	contenter
vollbringen (vollbrachte, vollbracht)	accomplir
begehen (ging, begangen)	commettre
vollziehen (zog, zogen)	exécuter
nach-denken (dachte, gedacht)	réfléchir

Tugenden, Fehler und Laster

Männliche Namen

der Gehorsam (s. pl.)	l'obéissance
der Fleiß (s. pl.)	l'assiduité
der Muth (s. pl.)	le courage
der Fehler (—)	le défaut
der Stolz (s. pl.)	la fierté
der Hochmuth (s. pl.)	l'orgueil
der Ehrgeiz (s. pl.)	l'ambition
der Neid (s. pl.)	l'envie
der Zorn (s. pl.)	la colère
der Haß (s. pl.)	la haine
der Argwohn (s. pl.)	le soupçon
der Verrath (s. pl.)	la trahison
der Narr (—en)	le fou
der Thor (—en)	le sot
der Geck (—en)	le fat
der Geiz (s. pl.)	l'avarice
der Geizhals	l'avare
der Verschwender	le prodigue
der Heuchler	l'hypocrite
der Faulenzer	le fainéant
der Müßiggänger	l'homme oisif
der Taugenichts	le vaurien
der Trunkenbold (—e)	l'ivrogne
der Einfaltspinsel	l'imbécile
der Lügner	le menteur
der Tropf	le nigaud
der Schurke (—n)	le coquin
der Bösewicht (—e)	le scélérat
der Dieb	le voleur
der Schelm (—e)	le fripon
der Schelmstreich	le tour de fripon
der Räuber (—)	le brigand
der Mörder (—)	l'assassin
der Verbrecher	le criminel

Weibliche Namen

die Eigenschaft	la qualité
die Tugend	la vertu
die Ehrfurcht (s. pl.)	le respect
die Achtung (s. pl.)	l'estime
die Demuth	l'humilité
die Frömmigkeit	la piété
die Dankbarkeit	la gratitude
die Gefälligkeit	la complaisance
die Höflichkeit	la politesse
die Ehrlichkeit	l'honnêteté
die Gerechtigkeit	la justice
die Menschlichkeit	l'humanité
die Barmherzigkeit	la miséricorde
die Freigebigkeit	la libéralité
die Sittlichkeit	la moralité
die Schamhaftigkeit	la pudeur
die Sparsamkeit	l'économie
die Beständigkeit	la constance
die Tapferkeit	la vaillance
die Unterwürfigkeit	la soumission
die Offenherzigkeit	la franchise
die Aufrichtigkeit	la sincérité
die Nachlässigkeit	la négligence
die Treulosigkeit	la perfidie
die Eitelkeit	la vanité
die Klugheit	la prudence
die Kühnheit	la bravoure
die Keuschheit	la chasteté
die Wahrheit	la vérité
die Narrheit	la folie
die Faulheit	la paresse
die Bosheit	la méchanceté
die Frechheit	l'insolence
die Feigheit	la lâcheté

VERTUS, DÉFAUTS ET VICES

Weibliche Namen			Beiwörter	
die Güte	la bonté		gut	bon
die Treue	la fidélité		treu	fidèle
die Milde	la clémence		mild	clément
die Strenge	la sévérité		streng	sévère
die Ruhe	la tranquillité		ruhig	tranquille
die Freude	la joie		freudig	joyeux
die Ehre	l'honneur		ehrbar	honorable
die Schande	la honte		schändlich	honteux
die Lüge	le mensonge		lügnerisch	mensonger
die Rache	la vengeance		rächend	vengeur
die Reue	le repentir		reuig	repentant
die Rachsucht	le caractère vindicatif		rachsüchtig	vindicatif
die Habsucht	l'avidité		habsüchtig	cupide
die Ehrsucht	l'ambition démesurée		ehrsüchtig	altéré d'honneurs
die Eifersucht	la jalousie		eifersüchtig	jaloux
die Gewinnsucht	la cupidité			
die Selbstsucht	l'égoïsme		Zeitwörter	
			gehorchen	obéir
			sich befleißen (ie, ie)	s'appliquer
Beiwörter			ermuthigen	encourager
gehorsam	obéissant		entmuthigen	décourager
fleißig	appliqué		fehlen	manquer
muthig	courageux		stehlen (a, o)	voler
fehlerhaft	fautif		beneiden	envier
neidisch	envieux		zürnen	être en colère
zornig	en colère		verrathen (ie, ie)	trahir
verrätherisch	traître		verschwenden	prodiguer
verschwenderisch	prodigue		heucheln	dissimuler
heuchlerisch	hypocrite		faulenzen	fainéanter
faul	paresseux		rauben	piller
räuberisch	spoliateur		morden	assassiner
mörderisch	meurtrier		erkennen (erkannte, erkannt)	reconnaître
erkenntlich	reconnaissant			
unterwürfig	soumis		sich unterwerfen (a, o)	se soumettre
frech	insolent		sich erfrechen	avoir le front de, oser
eigen	propre		sich zueignen	s'approprier

Mannskleidung

Männliche Namen

der Anzug	l'habillement
der Schnitt	la coupe, façon
der Rock	l'habit
der Mantel	le manteau
der Kragen	le col
der Aermel	la manche
der Aufschlag	le parement
der Knopf	le bouton
der Hacken (—)	l'agrafe
der Schlitz	la fente, taillade
der Hut	le chapeau
der Strumpf	le bas
der Stiefel	la botte
der Schuh (—)	le soulier
der Absatz	le talon
der Fleck	la pièce
der Nagel	le clou
der Pantoffel (s, — n)	la pantoufle
der Stock	la canne
der Unterrock	la redingote
der Schlafrock	la robe de chambre
der Ueberzieher	le pardessus
der Hosenschlitz	la brayette
der Hosenträger	la bretelle
der Strohhut	le chapeau de paille
der Filzhut	le chapeau de feutre
der Seidenhut	le chapeau de soie
der Halbstrumpf	la chaussette
der Halbstiefel	la bottine
der Stiefelzieher	le tire-botte
der Schuhriemen	le cordon de soulier
der Ueberschuh (— e)	la galoche
der Holzschuh (— e)	le sabot
der Handschuh	le gant
der Tabacksbeutel	la blague à tabac

Weibliche Namen

die Kleidung	les vêtements
die Mode	la mode
die Hose	le pantalon
die Borte	le galon, bordure
die Tasche	la poche
die Weste	le gilet
die Schachtel	la boîte
die Krempe	le bord (de chapeau)
die Mütze	la calotte
die Kappe	la casquette
die Perrücke	la perruque
die Socke	le chausson
die Wolle	la laine
die Seide	la soie
die Gamasche	la guêtre
die Schnalle	la boucle
die Wichse	le cirage
die Bürste	la brosse
die Seife	le savon
die Uhr	l'horloge, la montre
die Kette	la chaîne
die Brille	les lunettes
die kurze Hosen	la culotte
die Unterhosen	le caleçon
die Badhosen	le caleçon de bain
die Hutschachtel	la boîte à chapeaux
die Nachtmütze	le bonnet de nuit
die Halsbinde	la cravate
die Baumwolle	le coton
die Schuhsohle	la semelle de soulier
die Wichsbürste	la brosse à cirer
die Taschenuhr	la montre
die Repetiruhr	la montre à répétition
die Uhrkette	la chaîne de montre
die Tabacksdose	la tabatière

VÊTEMENTS DE L'HOMME

Sächliche Namen		Beiwörter	
das Kleid	le vêtement	neu	neuf
das Bein (— e)	la jambe (d'un pantalon)	nach der Mode	à la mode
		alt	vieux
das Tuch	le drap	abgetragen	usé
das Futter (—)	la doublure	fein	fin
das Hemd (es, en)	la chemise	grob	grossier
das Loch	le trou	stark	fort
das Band	le ruban	zu lang	trop long
das Leder	le cuir	zu kurz	trop court
das Rohr (¨)	le tuyau	zu weit	trop large
das Glas	le verre	zu eng	trop étroit
	—	theuer	cher
das Kleidungsstück	la pièce de vêtements	billig	bon marché
das Ueberkleid	le vêtement de dessus		Zeitwörter
das Unterkleid	le vêtement de dessous		
das Trauerkleid	le vêtement de deuil	bestellen	commander
das Winterkleid	le vêtement d'hiver	an-messen (a, e)	prendre mesure
das Sommerkleid	le vêtement d'été	schneiden (itt, itt)	couper
das Kinderkleid	le vêtement d'enfant	machen	faire
das Jagdkleid	le vêtement de chasse	verfertigen	confectionner
das Beinkleid	le pantalon	an-probiren	essayer
das Futtertuch	la doublure	gut anstehen (stand, gestanden)	bien aller
das Taschentuch	le mouchoir		
das Halstuch	la cravate, le fichu	zu-knöpfen	boutonner
das Nachthemd (es, —en)	la chemise de nuit	auf-knöpfen	déboutonner
das Staubhemd (es, —en)	la blouse	zu-schnallen	boucler
das Knopfloch	la boutonnière	auf-schnallen	déboucler
das Strumpfband	la jarretière	aufstülpen	retrousser
das Tragband	la bretelle	tragen (u, a)	porter
das Oberleder	l'empeigne	auf-setzen	mettre (chapeau)
das Sohlleder	le cuir à semelles	wählen ou aus-suchen	choisir
das Stiefelrohr	la tige de botte		
das Zifferblatt	le cadran	sohlen	mettre des semelles
das Brillenglas	le verre à lunettes	vorschuhen	remonter des bottes
das Brillenfutter	l'étui à lunettes	flicken	raccommoder
das Rasirmesser	le rasoir	wichsen	cirer
das Rasirbecken	le plat à faire la barbe	schmieren	graisser

Putzsachen der Frauenzimmer

Männliche Namen		Weibliche Namen	
der Rock	la robe	die Schürze	le tablier
der Besatz	le volant	die Haube	le bonnet de femme
der Aufschlag	le retroussis	die Garnitur	la garniture
der Schahl (—e)	le châle	die Spitze	la dentelle
der Mantel	le manteau	die Schleife	le nœud
der Saum	le bord	die Pelerine	la pèlerine
der Kragen	le col	die Manschette	la manchette
der Hut	le chapeau	die Preise	le poignet
der Schleier	le voile	die Watte	la ouate
der Muff	le manchon	die Nestel	le lacet
der Diamant (—en)	le diamant	die Seide	la soie
der Brillant (—en)	le brillant	die Franze	la frange
der Gürtel	la ceinture	die Quaste	la campane
der Hacken (—)	l'agrafe	die Troddel	la touffe (gland)
der Putz (s. pl.)	la toilette	die Eichel	le gland
der Scheitel	la raie	die Schnur (¨ e)	le cordon
der Schwamm	l'éponge	die Schnalle	la boucle
der Kamm	le peigne	die Broche	la broche
der Fächer	l'éventail	die Medaille	la médaille
der Zopf	la tresse	die Einfassung	le chaton
—	—	die Locke	la boucle de cheveux
der Unterrock	le jupon	die Pommade	la pommade
der Schnürleib	le corset	die Schminke	le fard
der Handschuh (—e)	le gant	die Parfümerie	les parfums
der Fingerring	la bague	—	—
der Ohrring	la boucle d'oreilles	die Hemdkrause	le jabot
der Edelstein	la pierre précieuse	die Schnürnestel	le lacet
der Sonntagsputz	la toilette de dimanche	die Halsschnur (¨ e)	le collier
der Kopfputz	\} la coiffure	die Uhrschnur (¨ e)	le cordon de montre
der Haarschmuck		die Perlenschnur (¨ e)	le collier de perles
der Blumenkranz	la couronne de fleurs	die Perlmutter	la nacre
der Wohlgeruch	le parfum	die goldene Kette	la chaîne d'or
der Ohrlöffel	le cure-oreille	die Stecknadel	l'épingle
der Zahnstocher	le cure-dent	die Haarnadel	l'épingle à cheveux
der Regenschirm	le parapluie	die Haarbürste	la broche à cheveux
er Sonnenschirm	l'ombrelle	die Fleckseife	le savon à détacher

OBJETS DE TOILETTE DES FEMMES

Sächliche Namen		Beiwörter	
das Kleid	la robe de femme	weiß	blanc
das Kamisol	la camisole	schwarz	noir
das Mäntelchen	le mantelet	roth	rouge
das Leibchen	le corset	blau	bleu
das Hemd (es, — en)	la chemise	grün	vert
das Band	le ruban	braun	brun
das Kreuz (— e)	la croix	grau	gris
das Medaillon (— s)	le médaillon	dunkel	foncé
das Geschmeide	le bijou	heiter	clair
das Diadem (— e)	le diadème	einfach	simple, uni
das Haar (— e)	le cheveu	gestreift	rayé
das Chignon (— s)	le chignon	geecksteint	carrelé
das Pulver	la poudre	gerippt	à côtes
das Kleidungsstück (— e)	la pièce de vêtement	beblumt	à fleurs
das Schleppkleid	{ la robe de femme		
	{ la robe à queue	Zeitwörter	
das Trauerkleid	la robe de deuil	sich an-ziehen (zog, ge- zogen)	s'habiller
das Hochzeitskleid	la robe nuptiale	sich putzen	se mettre en toilette
das Halstuch	le fichu	im Staat sein	être dans ses atours
das Umschlagtuch	le châle	stolziren	} se pavaner
das Nesseltuch	la mousseline	sich brüsten	}
das Vorhemd (es, — en)	la chemisette	keinen Staat machen	{ se mettre modeste- ment
das Schnürleibchen	le corsage		
das Fischbein	la baleine	im Trauer sein	être en deuil
das Armband	le bracelet	aus-schneiden (itt, itt)	décolleter
das Halsband	le collier	sich schnüren	se lacer
das Stirnband	la bandeau frontal	sich frisiren	se friser
das Ohrgehänge	le pendant d'oreilles	sich pudern	se poudrer
das Uhrgehänge	la breloque	sich zöpfen	{ mettre ses cheveux en tresses
das goldene Kreuz	la croix d'or	sich waschen (u, a)	se laver
das Schmuckkästchen	l'écrin	sich schminken	se farder
das Zahnpulver (s. pl.)	la poudre dentifrice	sich parfümiren	se parfumer
das Zahnbürstchen	la brosse à dents	sich schmücken	se parer
das Weißzeug (s. pl.)	le linge	sich zieren	s'orner
das seidene Taschentuch	le foulard	sich fächeln	s'éventer

Beschäftigungen der Frauen

Männliche Namen		Weibliche Namen	
der Haushalt (s. pl.)	le ménage	die Haushaltung	la gestion d'une maison
der Besen	le balai	die Haushälterin (—nen)	la ménagère
der Wisch	le torchon	die Köchin (—nen)	la cuisinière
der Haspel (—)	le dévidoir	die Nätherin (—nen)	la couturière
der Faden ou	le fil	die Nähmaschine	la machine à coudre
der Zwirn		die Nath (¨e)	la couture
der Strang	l'écheveau	die Falte	le pli
der Knäuel	la pelote (de fil)	die Schere	les ciseaux
der Stich	le point	die Nadelbüchse	l'étui à aiguilles
der Fingerhut	le dé	die Nähnadel	l'aiguille à coudre
der Arbeitsbeutel	le sac à ouvrage	die Schnürnadel	le passe-lacet
der Arbeitstisch	la table à ouvrage	die Stricknadel	l'aiguille à tricoter
—	—	die Strickerin (—nen)	la tricoteuse
der Zeug ou	l'étoffe	die Masche	la maille
der Stoff (—e)		die Kleidermacherin (-nen)	la couturière en robes
der Taffet	le taffetas	die Modehändlerin (-nen)	la modiste
der Damast	le damas	die Spinnerin (—nen)	la fileuse
der Mohr	la moire	die Kunkel	la quenouille
der Atlas	le satin	die Spule	la bobine
der Lustrin	la lustrine	die Reiste	la filasse
der Reps	le reps	die Wäscherin (—nen)	la blanchisseuse
der Sammt	le velours	die Wäsche	le linge
der Tüll	le tulle	die Seife	le savon
der Flor	la gaze	die Lauge (s. pl.)	la lessive
der Musselin	la mousseline	die Asche	la cendre
der Lattun	la cotonnade	die Klammer	le fichoir
der Zitz	l'indienne	die Kufe	la cuve
der Calicot	le calicot	die Büglerin (—nen)	la repasseuse
der Perkal	la percale	die Kohle	le charbon
der Batist	la batiste	die Stärke (s. pl.)	l'amidon (empois)
der Flanell	la flanelle	die Stickerin (—en)	la brodeuse
der Barchent	la futaine	die Seide (s. pl.)	la soie
der Lein	le lin (fil)	die Wolle (s. pl.)	la laine
der Zwillich	le coutil	die Flickerin (—nen)	la ravaudeuse
der Drogett	le droguet	die Matratzenmacherin	la matelassière
der Canevas	le canevas (étoffe)	die Magd (¨e)	la servante

OCCUPATIONS DES FEMMES

Sächliche Namen

das Haus (¨er)	la maison
das Wasser	l'eau
das Seil (—er)	la corde
das Hausgesinde (s. pl.)	la domesticité
das Hauswesen	le train de maison
das Schafthen (s. pl.)	le prêle
das Nähzeug	outils qu'il faut pour coudre
das Nadelkissen	la pelote (à aiguilles)
das Nadelöhr	le trou d'une aiguille
das Strickwerk (—e)	le tricot
das Stickmuster (—)	le modèle de broderie
das Spinnrad ou das Spinnrädchen	} le rouet
das Waschfaß	le cuvier
das Waschhaus (¨er)	la buanderie
das Weißzeug	le linge
das Bügeleisen ou das Plätteisen	} le fer à repasser
das Plättbrett	la table à repasser

Beiwörter

haushälterisch	économe
verschwenderisch	dépensier
geschickt	adroit
ungeschickt	maladroit
fleißig	laborieux
emsig	actif
flink	agile
langsam	lent
träge	paresseux
gut	bon
schlecht	mauvais
grob	grossier
fein	fin
rein	propre
unrein ou schmutzig	} sale

Zeitwörter

kehren	balayer
ab-stäuben	épousseter
aus-klopfen	épousseter en frappant
nähen	coudre
säumen	ourler
steppen	piquer
füttern	doubler
wattiren	ouater
flicken	ravauder
zerreißen (iß, iss)	déchirer
verstechen (a, o)	} boucher un trou en cousant
spinnen (a, o)	filer
netzen	mouiller
zwirnen	tordre (le fil)
haspeln	dévider
weben (o, o)	tisser
laugen	lessiver
ein-seifen	savonner
waschen (u, a)	laver
bläuen	passer le linge au bleu
aus-schwenken	passer à l'eau
aus-ringen (a, u)	tordre le linge
auf-hängen	suspendre
trocknen	sécher
ein-sprengen	humecter le linge
zusammen-legen	plier
stärken	empeser
bügeln	repasser
weg-legen	mettre de côté (serrer)
sticken	broder
stricken	tricoter
kochen	cuire
an-richten	dresser
den Tisch decken	mettre la table
auf-tragen (u, a)	servir
ab-tragen (u, a)	desservir

Von den Handwerken

Männliche Namen		Weibliche Namen	
der Handwerker (—)	l'artisan	die Werkstätte (— n)	l'atelier
der Meister	le maître	die Lehrzeit (s. pl.)	l'apprentissage
der Gesell (— en)	l'ouvrier	die Kost (s. pl.)	la pension (nourriture)
der Handwerksbursche(-n)	le compagnon	die Wanderschaft (s. pl.)	le tour de France
der Lehrling	l'apprenti	die Zunft ("e)	le corps de métier
der Lohn (s. pl.)	le salaire, les gages	die Herberge	l'auberge d'un corps de métier
der Müller (—)	le meunier	die Windmühle	le moulin à vent
der Mühlgang	le tournant	die Wassermühle	le moulin à eau
der Mühlstein	la meule	die Kleie (s. pl.)	le son
der Bäcker (—)	le boulanger	die Bäckerin (— nen)	la boulangère
der Pastetenbäcker (—)	le pâtissier	die Bäckerei	la boulangerie
der Zuckerbäcker (—)	le confiseur	die Pastete	le pâté
der Backofen	le four	die Torte	la tarte
der Backtrog	le pétrin	die Rinde	la croûte
der Teig (s. pl.)	la pâte	die Waffel	la gaufre
der Kuchen (—)	le gâteau	die Makrone	le macaron
der Zwieback (s. pl.)	le biscuit	die Zuckermandel	la praline
der Metzger (—)	le boucher	die Metzge	la boucherie
der Wurster (—)	le charcutier	die Wurst ("e)	la saucisse
der Darm	le boyau	die Spritze	la seringue
der Brauer (—)	le brasseur	die Brauerei	la brasserie
der Hopfen (—)	le houblon	die Gerste (s. pl.)	l'orge
der Gerber	le tanneur	die Lohe (s. pl.)	le tan
der Schuster (—)	le cordonnier	die Ale	l'alène
der Leist	la forme	die Sohle	la semelle
der Schneider (—)	le tailleur	die Nadel	l'aiguille
der Fingerhut	le dé	die Schere	les ciseaux
der Faden	le fil	die Nadelbüchse	l'étui à aiguilles
der Weber (—)	le tisserand	die Schlichte	la colle
der Strumpfweber (—)	le fabricant de bas	die Wolle (s. pl.)	la laine
der Webstuhl	le métier à tisser	die Leinwand (s. pl.)	la toile
der Färber	le teinturier	die Farbe	la couleur
der Posamentirer (—)	le passementier	die Franze	la frange
der Barbier	le barbier	die Seife	le savon

DES MÉTIERS

Sächliche Namen			Zeitwörter	
das Handwerk (—e)	le métier		ein Handwerk treiben (ie, ie)	exercer une profession
das Werkzeug (—e)	l'outil		lernen	apprendre
das Lehrgeld (s. pl.)	les frais d'apprentissage		aus-lernen	finir son apprentissage
das Lehrjahr (—e)	l'année d'apprentissage		auf die Wanderschaft ge= hen (ging, gegangen)	faire son tour de France
das Felleisen (—)	la valise			
das Zehrgeld (s. pl.)	les frais de voyage		reisen ou wandern	voyager
das Beutelsieb (—e)	le blutoir		mahlen (rég., a)	moudre
das Korn (s. pl.)	le blé		backen (u, a)	cuire au four
das Mehl (s. pl.)	la farine		kneten	pétrir
das Brod (—e)	le pain		ein-schießen (o, o)	enfourner
das Milchbrod (—e)	le pain au lait		metzgen ou schlachten	tuer
das Pastetchen (—)	le petit pâté			
das Zuckerbrod (s. pl.)	le bonbon		zerstücken	mettre en pièce
das Zuckerkorn	la dragée		aus-wägen (o, o)	vendre en détail (au poids
das Täfelchen (—)	la pastille		wursten	faire des saucisses
das Mandelwerk (—e)	le nougat		hacken	hacher
das Süßholz (s. pl.)	la réglisse		brauen	brasser
			gerben	tanner
das Schlachthaus	l'abattoir		beizen	corroder
das Fleisch (s. pl.)	la viande		schaben	racler
das Hackmesser (—)	le hachoir		sohlen	semeler
das Glas	le verre		wichsen	cirer
das Bier (s. pl.)	la bière		schneiden (itt, itt)	couper (tailler)
das Fell (—e)	la peau		nähen	coudre
das Leder (s. pl.)	le cuir		einfädeln	enfiler
das Pech (s. pl.)	la poix		flicken	raccommoder
das Bügeleisen (—)	le fer à repasser		weben (o, o)	tisser
das Tuch	le drap		schlichten	coller
das Wachs (s. pl.)	la cire		färben	teindre
das Schifflein (—)	la navette		tunken	tremper
das Garn (s. pl.)	le fil		auf-hängen	suspendre
das Gewebe	le tissu		trocknen	sécher
das Scheidewasser	l'eau-forte		sticken	broder
das Band	le ruban		rasiren	raser
das Rasirmesser	le rasoir		einseifen	savonner

Von den Handwerken (Fortsetzung)

Männliche Namen

der Schreiner ou der Tischler (—)	le menuisier
der Drechsler	le tourneur
der Wagner	le charron
der Küfer	le tonnelier
der Hobel (—)	le rabot
der Hobelspan	le copeau
der Leim (s. pl.)	la colle
der Maurer (—)	le maçon
der Mörtel	le mortier
der Steinhauer (—)	le tailleur de pierre
der Meißel	le ciseau
der Schlägel	le maillet
der Anstreicher	le badigeonneur
der Pinsel	le pinceau
der Tapezirer	le tapissier
der Glaser (—)	le vitrier
der Kitt (s. pl.)	le mastic
der Dachdecker	le couvreur
der Ziegel	la tuile
der Zimmermann (-leute)	le charpentier
der Schornsteinfeger	le ramoneur
der Sattler (—)	le sellier
der Sattel	la selle
der Kutscher (—)	le cocher
der Holzspalter (—)	le fendeur de bois
der Keil	le coin
der Taglöhner (—)	le journalier
der Schäfer (—)	le berger
der Schäferstab	la houlette
der Gärtner (—)	le jardinier
der Jagdaufseher	le garde-chasse
der Jagdhund (— e)	le chien de chasse
der Fischer	le pêcheur
der Fisch	le poisson
der Kahn	la barque

Weibliche Namen

die Hobelbank (¨ e)	l'établi
die Drehbank (¨ e)	le tour
die Säge	la scie
die Axt (¨ e)	la hache
die Zange	les tenailles
die Feile	la lime
die Kufe	la cuve
die Daube	la douve
die Mauer	le mur
die Zugewinde	la poulie
die Kelle	la truelle
die Bleiwage ou die Setzwage	le niveau
die Wasserfarbe	le badigeon
die Bürste	la brosse
die Tapete	la tapisserie
die Scheibe	le carreau
die Glashütte	la verrerie
die Schindel	le bardeau
die Latte	la latte
die Zimmeraxt (¨ e)	la hache du charpentier
die Leiter	l'échelle
die Sattlerarbeit	la sellerie
die Satteltasche	la sacoche
die Kutsche	le carrosse
die Welle	le fagot
die Weide	le saule
die Arbeit	le travail
die Weide	le pâturage
die Hürde	la claie (parc)
die Gießkanne	l'arrosoir
die Flinte	le fusil
die Koppel	la couple
die Angel	l'hameçon
die Angelruthe	la ligne (la canne)
die Lockspeise	l'amorce

DES MÉTIERS (Suite)

Sächliche Namen		Zeitwörter	
das Hobeleisen (—)	le fer du rabot	hobeln	raboter
das Hobelgehäuse (—)	le fût du rabot	drehen	tourner
das Sägeblatt	la lame de scie	sägen	scier
das Sägegestell (—)	le châssis de la scie	ein-legen	plaquer
das Sägemehl (s. pl.)	la sciure de bois	leimen	coller
das Rad	la roue	feilen	limer
das Spinnrad	le rouet	mauern	maçonner
das Faß	le tonneau	Stein hauen (rég.)	tailler la pierre
das Gerüst (— e)	l'échafaudage	weißen	blanchir
das Seil (— e)	la corde	tünchen	crépir
das Gesims (— e)	la moulure (corniche)	anstreichen (i, i)	badigeonner
das Richtscheit	l'équerre (du maçon)	tapeziren	tapisser
das Steinmehl (s. pl.)	la poudre de pierre	an-kleben	coller contre
das Wasser (s. pl.)	l'eau	verkitten	mastiquer
das Leimwasser (s. pl.)	l'eau de colle	decken	couvrir
das Papier (s. pl.)	le papier	ab-decken	découvrir
das Glas	le verre	Ziegel brennen (brannte, gebrannt)	cuire des tuiles
das Fenster (—)	la fenêtre		
das Dach	le toit	zimmern	charpenter
das Stroh (s, pl.)	la paille	den Schornstein fegen	ramoner la cheminée
das Beil (— e)	la cognée	satteln	seller
das Kratzeisen (—)	le racloir	ab-satteln	desseller
das Leder (s. pl.)	le cuir	reiten (itt, itt)	aller à cheval
das Pferdehaar (— e)	le crin	Kutsche fahren (u, a)	aller en carrosse
das Kutschenpferd (— e)	le cheval de carrosse	weiden	paître et faire paître
das Holz (s. pl.)	le bois	hüten	garder
das Scheit	la bûche	scheren (o, o)	tondre
das Tagewerk (— e)	l'ouvrage d'une journée	pflanzen	planter
das Schaf (— e)	la brebis	Blumen begießen (o, o)	arroser des fleurs
das Lamm	l'agneau	spaten	bêcher
das Pflanzholz	le plantoir	jagen	chasser
das Pulver (s. pl.)	la poudre	die Flinte laden (u, a)	charger le fusil
das Blei (s. pl.)	le plomb	schießen (o, o)	tirer
das Boot (— e)	le bateau	fischen	pêcher
das Netz (— e) ou das Garn	le filet	angeln	pêcher à la ligne
		fangen (fing, a)	prendre

Von den Handwerken (Fortsetzung)

Männliche Namen		Weibliche Namen	
der Schlosser (—)	le serrurier	die Schlosserarbeit (—en)	la serrurerie
der Schlüssel (—)	la clef	die Thür	la porte
der Schmied	le forgeron	die Schmiede	la forge
der Hufschmied	le maréchal ferrant	die Feile	la lime
der Nagelschmied	le cloutier	die Nagelzange	les tenailles
der Blechschmied	le ferblantier	die Blechschere	les cisailles
der Messerschmied	le coutelier	die Schere	les ciseaux
der Zeugschmied	le taillandier	die Haue	la houe
der Kupferschmied	le chaudronnier	die Kasserole	la casserole
der Kessel (—)	le chaudron	die Pfanne	la poêle
der Goldschmied	l'orfévre	die Schmuckwaare	le bijou
der Amboß (—e)	l'enclume	die Kette	la chaîne
der Hammer	le marteau	die Zange	les tenailles
der Nagel	le clou	die Eisenwaare	la quincaillerie
der Schraubstock	l'étau	die Schraube	la vis
der Schraubenzieher(—)	le tournevis	die Schraubenmutter(¨)	l'écrou
der Blasebalg	le soufflet	die Steinkohle	la houille
der Hutmacher (—)	le chapelier	die Hutschachtel	le carton à chapeau
der Filz (s. pl.)	le feutre	die Seide (s. pl.)	la soie
der Uhrmacher (—)	l'horloger	die Uhr	l'horloge, la montre
der Zeiger (—)	l'aiguille	die Feder	le ressort
der Büchsenmacher (—)	l'armurier	die Büchse ou	le fusil
der Lauf	le canon	die Flinte	
der Perrückenmacher(—)	le perruquier	die Perrücke	la perruque
der Wannenmacher (—)	le vannier	die Wanne	le van
der Glockengießer	le fondeur de cloches	die Glocke	la cloche
der Zinngießer	le potier d'étain	die Kanne	le pot à anse
der Verzinner	l'étameur	die Gabel	la fourchette
der Töpfer (—)	le potier	die Schüssel	l'écuelle
der Lehm (s. pl.)	la terre glaise	die Platte	le plat
der Buchbinder	le relieur	die Decke	la couverture
der Pappdeckel	le carton	die Pappe	la colle de farine
der Goldschnitt	la tranche d'or	die Tinte	l'encre
der Buchhändler	le libraire	die Feder	la plume

DES MÉTIERS (Suite)

Sächliche Namen		Zeitwörter	
das Schloß (¨er)	la serrure	schmieden	forger
das Thor (—e)	la porte cochère	wärmen	chauffer
das Eisen (s. pl.)	le fer	blasen (ie, a)	souffler
das Hufeisen (—)	le fer à cheval	hämmern	frapper avec le marteau
das Eisenblech (s. pl.)	la tôle	löthen	
das Blech (s. pl.)	le fer-blanc	schweißen	} souder
das Rebmesser	la serpette	zusammen-löthen	souder ensemble
das Gartenmesser	la serpe	ab-feilen	limer
das Kupfer (s. pl.)	le cuivre	schärfen	aiguiser, affiler
das Pfännchen (—)	le poêlon	nageln	clouer
das Gold (s. pl.)	l'or	schrauben	visser
das Kettenglied	le chaînon	zu-schrauben	fermer avec des vis
das Gußeisen (s. pl.)	la fonte	auf-schrauben	dévisser
das Eisenerz (—e)	le minerai de fer	vergolden	dorer
das Eisenwerk (—e)	la forge, usine	färben	teindre
das Schraubenblech (—e)	la contre-platine	bleichen	blanchir
das Steinkohlenwerk (-e)	la houillère	bügeln	repasser
das Stroh (s. pl.)	la paille	füttern	} doubler, mettre de la doublure.
das Fischbein (—e)	la baleine	gehen (ging, gegangen)	aller
das Uhrwerk (—e)	le mouvement d'une montre	stehen (stand, gestanden)	s'arrêter
das Zifferblatt	le cadran	auf-ziehen (zog, gezogen)	remonter
das Pistol (—e)	le pistolet	schießen (o, o)	tirer (à balle)
das Zündhütchen	la capsule	laden (u, a)	charger
das Haar (—e)	le cheveu	wannen	vanner
das Sieb (—e)	le crible	sieben	} faire passer par le crible, tamiser
das Metall (—e)	le métal	überzinnen, ou verzinnen	} étamer.
das Zinn (s. pl.)	l'étain	gießen (o, o)	fondre, jeter en moule
das Zinngeschirr (—e)	la vaisselle d'étain	schmelzen (o, o)	entrer en fusion
das Modell (—e)	le moule	schmelzen (rég.)	faire fondre
das Feuer (—)	le feu	ein-binden (a, u)	relier
das Papier (s. pl.)	le papier	heften ou broschiren	} brocher
das Leder (s. pl.)	le cuir	pappen	coller
das Buch	le livre	nähen	coudre.
das Heft (—e)	le cahier		

Industrie und Handel

Männliche Namen		Weibliche Namen	
der Fabrikant (—en)	le fabricant	die Manufactur	la manufacture
der Mechaniker	le mécanicien	die Tuchfabrik	la fabrique de drap
der Director (—s, —en)	le directeur	die Spinnerei	la filature
der Werkmeister	le contre-maître	die Weberei	le tissage
der Fabrikarbeiter	l'ouvrier de fabrique	die Druckerei	l'impression
der Kessel	la chaudière	die Gießerei	la fonderie
der Dampf	la vapeur	die Bleiche	la blanchisserie
der Handel	le commerce	die Papiermühle	la papeterie
der Schleichhandel	la contrebande	die Dampfmaschine	la machine à vapeur
der Handelsmann (-leute)	le négociant	die Niederlage	l'entrepôt
der Kaufmann (—leute)	le marchand	die Waare	la marchandise
der Käufer (—)	l'acheteur	die Zahlung	le payement
der Buchhalter (—)	le teneur de livres	die Rechnung	le compte
der Cassirer (—)	le caissier	die Taxe	la taxe
der Ladendiener (—)	le garçon de magasin	die Tara (—en)	la tare
der Ankauf	l'achat	die Tratte	la traite
der Verkauf	la vente	die Rimesse	la remise
der Tarif	le tarif	die Quittung	la quittance
der Kurs	le cours	die Handschrift	le billet
der Preis	le prix	die Unterschrift	la signature
der Rabatt (—e)	le rabais	die Einnahme	la recette
der Tausch (—e)	l'échange	die Ausgabe	la dépense
der Gewinn	le bénéfice	die Bank	la banque
der Abzug	l'escompte	die Banknote	le billet de banque
der Zins	l'intérêt	die Börse	la bourse
der Saldo	le solde	die Anleihe	l'emprunt
der Credit	le crédit	die Actie	l'action
der Schein	la reconnaissance	die Obligation	l'obligation
der Wechsel (—)	la lettre d'échange	die Rente	la rente
der Frachtbrief (—e)	la lettre de voiture	die Versteigerung	la vente aux enchères
der Pack	le paquet	die Ausfuhr	l'exportation
der Ballen (—)	le ballot	die Einfuhr	l'importation
der Banquier (—e)	le banquier	die Sendung	l'envoi
der Mäkler	le courtier	die Factur	la facture
der Wucherer (—)	l'usurier	die Schuld	la dette
der Bankrottirer (—)	le banqueroutier	die Verfallzeit	l'échéance

INDUSTRIE ET COMMERCE

Sächliche Namen		Beiwörter	
das Gewerbe (—)	l'industrie	ehrlich	honnête
das Wasserrad	la roue hydraulique	unehrlich	malhonnête
das Handelshaus	la maison de commerce	zahlungsfähig	solvable
das Schild (—er)	l'enseigne	zahlbar	payable
das Waarenlager (—) ou	} le magasin	zahlbar nach Sicht	payable à vue
das Magazin (—e)		baar	comptant
das Büreau (—x)	le bureau	verfallen	échu, périmé
das Contor (—e)	le comptoir	ansehnlich	de belle apparence
das Register (—)	le registre	verkäuflich	facile à vendre
das Journal (—e)	le journal	wohlfeil	bon marché
das Papier (—e)	le papier	theuer	cher
das Geld (—er)	l'argent		
		Zeitwörter	
das Papiergeld	le papier argent	kaufen	acheter
das Angeld (s. pl.)	les arrhes	verkaufen	vendre
das Capital (—ien)	le capital	baar bezahlen	payer comptant
das Billet (—e)	le billet	auf Credit nehmen (nahm, genommen)	} prendre à crédit
das Endossement (—e)	l'endossement	borgen	faire crédit
das Falliment (—e)	la faillite	schuldig bleiben (ie, ie)	rester redevable de
das Steigen (s. pl.)	la hausse	ein-schreiben (ie, ie)	inscrire.
das Sinken (s. pl.)	la baisse	wechseln	changer
das Muster (—)	l'échantillon	ein-kassiren	encaisser
das Colli (—)	le colis	gewinnen (a, o)	gagner
das Paquet (—e)	le paquet	verlieren (o, o)	perdre
das Gepäck (s. pl.)	les bagages	vor-schießen (o, o)	avancer (une somme)
das Einpacken (s. pl.)	l'emballage	einpacken	emballer
das Wachstuch	la toile cirée	wägen (o, o)	peser
das Packtuch	la toile d'emballage	laden (u, a)	charger
das Stroh (s. pl.)	la paille	trassiren	faire traite.
das Heu (s. pl.)	le foin	gutschreiben (ie, ie)	créditer q.q de q. cn.
das Laden (s. pl.)	le chargement	Empfang an-zeigen	donner avis de réception
das Ausladen (s. pl.) ou	} le déchargement	senden (gesandt, sandte)	expédier
das Abladen (s. pl.)		empfangen (ie, ie)	recevoir
das Auflagern (s. pl.)	l'emmagasinage	schmuggeln	{ faire la contrebande
das Einkommen (s. pl.)	le revenu		introduire par contrebande
das Activvermögen	l'actif	ertappen	prendre sur le fait
das Passivvermögen	le passif	bescheinigen	certifier

LES MOTS

Maß, Gewicht und Münze, Reisen

Männliche Namen		Weibliche Namen	
der Raum	l'espace	die Länge	la longueur
der Umfang	l'étendue	die Breite	la largeur
der Zoll (— e)	le pouce	die Höhe	la hauteur
der Schuh (— e)	le pied	die Tiefe	la profondeur
der Stab	l'aune	die Dicke	l'épaisseur
der Meter (—)	le mètre	die Oberfläche	la surface
der Kilometer (—)	le kilomètre	die Linie	la ligne
der Quadratmeter (—)	le mètre carré	die Elle	l'aune (coudée)
der Kubikmeter (—)	le mètre cube	die Ruthe	la perche
der Stere (—)	le stère	die Meile	le mille
der Liter (—)	le litre	die Stunde	la lieue, l'heure
der Hektoliter (—)	l'hectolitre	die Minute	la minute
der Schoppen (—)	la choppe	die Are	l'are
der Sester (—)	le boisseau	die Hektare	l'hectare
der Sack	le sac	die Wage	la balance
der Vierling	le quarteron	die Wagschale	le plateau
der Pfenning	le liard	die Unze	l'once
der Kreutzer (—)	le kreutzer	die Münze	la monnaie
der Groschen (—)	le groschen	die Scheidemünze	la petite monnaie
der Gulden (—)	le florin	die falsche Münze	la fausse monnaie
der Thaler (—)	l'écu	die Jahreszahl	le millésime
der Ducaten (—)	le ducat	die Währung	le titre
der Sou (—s)	le sou	die Droschke	le fiacre
der Centime (—s)	le centime	die Kiste	la malle
der Franken (—)	le franc	die Station	la station
der Reisende (—n)	le voyageur	die Kasse	la caisse
der Koffer (—)	le coffre	die Karte	le billet
der Zug	le train	die erste Klasse	la première classe
der Wagen (—)	le wagon	die Eisenbahn	le chemin de fer
der Dampfwagen (—)	la locomotive	die Zweigbahn	l'embranchement
der Eilwagen (—)	la diligence	die Gepäcksexpedition	le bureau d'enregistrement des bagages
der Schnellzug	le train express		
der Güterzug	le train de marchandises	die Uebcrfracht	l'excédant
		die Reiseflasche	la gourde
der Bahnhof	la gare	die Abfahrt	le départ
der Wartesaal	la salle d'attente	die Ankunft	l'arrivée
der Reisesack	le sac de voyage	die Cajüte	la cabine
der Gepäckschein	le billet de bagages	die Privat-Cajüte	la cabine particulière

MESURES, POIDS ET MONNAIES, VOYAGES

Sächliche Namen		Zeitwörter	
das Maß (—e)	la mesure	messen (a, e)	mesurer
das Ohm (—e)	le muid	wägen (o, o)	peser
das Fuder (—)	la foudre	zählen	compter
das Klafter (—)	la corde	rechnen	calculer
das Gewicht (—e)	le poids	zahlen	payer
das Gleichgewicht (s. pl.)	l'équilibre	vergleichen (i, i)	comparer
das Pfund (—e)	la livre	füllen	remplir
das Loth (—e)	la demi-once	zulegen	ajouter
das Gramm (—e)	le gramme	reisen	voyager
das Kilogramm (—e)	le kilogramme	ab-reisen	partir
das Geld	l'argent (monnayé)	in die Fremde gehen (ging, gegangen)	aller à l'étranger
das Silber (s. pl.)	l'argent (métal)	einen Ausflug machen	faire une excursion
das Gold (s. pl.)	l'or	ein-packen	emballer
das Goldstück (—e)	la pièce d'or	den Zug nehmen (nahm, genommen)	prendre le train
das zwanzig Frankenstück (—e)	la pièce de vingt francs	Eisenbahn fahren (u, a)	aller en chemin de fer
das zehn Frankenstück (-e)	la pièce de dix francs	ein-steigen (ie, ie)	monter en voiture
das fünf Frankenstück (-e)	la pièce de cinq francs	aus-steigen (ie, ie)	descendre de voiture
das Pfund Sterling	la livre sterling	ab-fahren (u, a)	partir en voiture
das Tausend (—e)	le mille	an-kommen (kam, gekommen)	arriver
das Hundert (—e)	le cent	sich auf-halten (ie, a)	s'arrêter
das Dutzend (—e)	la douzaine	das Billet zeigen	montrer le billet
das halb Dutzend (—e)	la demi-douzaine	sein Gepäck verlangen	réclamer ses bagages
das Meer (—e)	la mer	sich führen lassen (ie, a)	se faire conduire
das Bad	le bain	besuchen	visiter
das Wasser (—)	l'eau	bewundern	admirer
das Schiff (—e)	le navire	theuer finden (a, u)	trouver cher
das Boot (—e)	le bateau	eine Droschke bestellen	commander un fiacre
das Billet (—e)	le billet	kosten	coûter
das Gepäck	les bagages	das Boot nehmen (nahm, genommen)	prendre le bateau
das Verdeck (—e)	le pont (du bateau)	seekrank sein	avoir le mal de mer
das Dampfboot (—e)	le bateau à vapeur	sich erbrechen (a, o)	vomir
das Reisekleid	l'habit de voyage	an-landen	aborder
das Seewasser (—)	l'eau de mer	zurück-kommen (kam, gekommen)	revenir
das Seebad	le bain de mer	sich ermüden	se fatiguer
das Sturzbad	la douche	sich erholen	se remettre
das warme Bad	le bain chaud	sich erfreuen	se réjouir
das kalte Bad	le bain froid	sich wieder-sehen (a, e)	se revoir

Wissenschaften und schöne Künste

Männliche Namen		Weibliche Namen	
der Gelehrte (—n)	le savant	die Wissenschaft	la science
der Gottesgelehrte (—n)	le théologien	die schönen Wissenschaften	les belles-lettres
der Schulgelehrte (—n)	l'humaniste	die genauen Wissensch ften	les sciences
der Rechtsgelehrte (—n)	le jurisconsulte	die Schulwissenschaften	les humanités
der Sprachforscher (—)	le linguiste	die Rechtswissenschaft	la jurisprudence
der Geschichtsforscher(-)	l'historien	die Redekunst ("e)	la rhétorique
der Naturforscher (—)	le naturaliste	die Rechenkunst ("e)	l'arithmétique
der Weltweise (—n)	le philosophe	die Meßkunst ("e)	la géométrie
der Redner	l'orateur	die Feldmeßkunst ("e)	l'arpentage
der Dichter	le poëte	die Dichtkunst ("e)	la poésie
der Schriftsteller	l'auteur	die Schauspielkunst ("e)	l'art dramatique
der Schauspieler	l'acteur	die Tanzkunst ("e)	l'art de la danse
der Bildhauer	le sculpteur	die Tonkunst ("e)	la musique
der Zeichner	le dessinateur	die Bildhauerkunst ("e)	l'art du statuaire
der Maler (—)	le peintre	die Baukunst ("e)	l'architecture
der Kupferstecher	le graveur	die Steindruckerkunst("e)	la lithographie
der Feldmesser	l'arpenteur	die Sittenlehre	la morale
der Logiker	le logicien	die Seelenlehre	la psychologie
der Grammatiker	le grammairien	die Denklehre	la logique
der Physiker	le physicien	die Sprachlehre	la grammaire
der Chemiker	le chimiste	die Naturlehre	la physique
der Botaniker	le botaniste	die Rechtslehre	l'enseignement du droit
der Mathematiker	le mathématicien	die Rechtschreibung	l'orthographie
der Geograph (—en)	le géographe	die Erdbeschreibung	la géographie
der Lithograph (—en)	le lithographe	die Geschichte	l'histoire
der Cosmograph (—en)	le cosmographe	die Geschichtsforschung	l'étude de l'histoire
der Geometer (—)	le géomètre	die Sprachforschung	la linguistique
der Architekt (—en)	l'architecte	die Malerei	la peinture
der Astronom (—en)	l'astronome	die Kupferstecherei	la gravure
der Moralist (—en)	le moraliste	die Chemie	la chimie
der Algebrist (—en)	l'algébriste	die Geologie	la géologie
der Geolog (—en)	le géologue	die Mineralogie	la minéralogie
der Mineralog (—en)	le minéralogue	die Cosmographie	la cosmographie
der Philolog (—en)	le philologue	die Botanik	la botanique
der Psycholog (—en)	le psychologue	die Mathematik	les mathématiques
der Astrolog (—en)	l'astrologue	die Algebra	l'algèbre

SCIENCES ET BEAUX-ARTS

Beiwörter		Zeitwörter	
gelehrt	savant	lehren	enseigner
beredt	éloquent	beweisen (ie, ie)	démontrer
überzeugt	convaincu	überzeugen	convaincre
erfahren	expert	nach-ahmen	imiter
erprobt	expérimenté	untersuchen	examiner
geübt	exercé	erproben	éprouver
klar	clair	üben	exercer
sonnenklar	clair comme le jour	erklären	expliquer
deutlich	distinct	auseinander-setzen	exposer
wahrscheinlich	probable	zerlegen	analyser
augenscheinlich	évident	forschen	chercher activement
sichtbar	visible	erforschen	rechercher
hörbar	qui peut être entendu	erkennen (erkannte, erkannt)	reconnaître
fühlbar	palpable	erhalten (ie, a)	obtenir
zerlegbar	décomposable	finden (a, u)	trouver
schmelzbar	fusible	erfinden (a, u)	inventer
dehnbar	ductile	messen (a, e)	mesurer
auflösbar	soluble	wägen (o, o)	peser
unauflösbar	insoluble	nach-denken (dachte, gedacht)	réfléchir
zertrennbar	séparable		
unzertrennbar	inséparable	in Stein hauen	sculpter en pierre
theilbar	divisible	schnitzen	sculpter sur bois
untheilbar	indivisible	entwerfen (a, o)	ébaucher
meßbar	mesurable	zeichnen	dessiner
erfüllbar	réalisable	ab-zeichnen	copier un dessin
machbar	faisable	malen	peindre
logisch	logique	stechen (a, o)	graver
dichterisch	poétique	lithographiren	lithographier
malerisch	pittoresque	drucken	imprimer
musikalisch	musical	heraus-geben (a, e)	éditer
moralisch	moral	schreiben (ie, ie)	écrire
grammatikalisch	grammatical	ab-schreiben (ie, ie)	copier
chemisch	chimique	verfassen	composer
physisch	physique	moralisiren	moraliser
astronomisch	astronomique	leiten	guider
belletristisch	qui appartient aux belles-lettres	zurecht-weisen (ie, ie)	corriger, réprimander
		Gutes thun (that, gethan)	faire le bien

Wissenschaften

Männliche Namen

der Körper (—)	le corps
der Stoff (— e)	la matière
der Dampf ou der Dunst	la vapeur
der Druck	la pression
der Magnet	l'aimant
der Spiegel (—)	le miroir
der Strahl (— s, — en)	le rayon
der Bruch	la fraction
der Zähler (—)	le numérateur
der Nenner (—)	le dénominateur
der Unterschied	la différence
der Winkel (—)	l'angle
der Spitz	le sommet
der Kreis	le cercle
der Bogen	l'arc
der Kolben (—)	la cornue
der Ballon (— e)	le ballon
der Glaskolben (—)	le matras
der Distilirkolben (—)	l'alambic
der Schmelztiegel (—)	le creuset
der Streichofen	le fourneau à réverbère
der Grundstoff (— e)	l'élément
der Sauerstoff (s. pl.)	l'oxygène
der Wasserstoff (s. pl.)	l'hydrogène
der Stickstoff	l'azote
der Lehrsatz	le théorème
der Rechtwinkel (—)	l'angle droit
der Spitzwinkel (—)	l'angle aigu
der Stumpfwinkel (—)	l'angle obtus
der Durchmesser (—)	le diamètre
der Halbmesser (—)	le rayon
der Kreisausschnitt	le secteur
der Flächeninhalt	la surface

Weibliche Namen

die Kraft (¨ e)	la force
die Wärme (s. pl.)	la chaleur
die Kälte (s. pl.)	le froid
die Linse	la lentille
die Brille	la lunette
die Lupe	la loupe
die Säure	l'acide
die Zahl	le nombre
die Einheit	l'unité
die Verbindung	la combinaison
die Mischung	le mélange
die Zerlegung	la décomposition
die Verdünstung	l'évaporation
die Rechnung	le calcul
die Gleichung	l'équation
die Lösung	la solution
die Theorie	la théorie
die Ziffer	le chiffre
die Linie	la ligne
die Pumpe	la pompe
die Maschine	la machine
die Kapsel	la capsule
die Base	la base
die Substanz	la substance
die Schwerkraft (s. pl.)	la pesanteur
die Luftpumpe	la machine pneumatique
die Saugpumpe	la pompe aspirante
die Druckpumpe	la pompe foulante
die Elektrisirmaschine	la machine électrique
die Schwefelsäure	l'acide sulfurique
die Kohlensäure	l'acide carbonique
die Chlorsäure	l'acide chlorique
die Grundlinie	la base (ligne)
die Halbirungslinie	la bissectrice

SCIENCES

Sächliche Namen	
das Licht	la lumière
das Bild	l'image
das Feuer (—)	le feu
das Salz (—e)	le sel
das Gewicht (—e)	le poids
das Glas	le verre
das Rohr (¨e)	le tube
das Glied	le membre
das Verhältniß (—e)	le rapport
das Theilchen (—)	la molécule
das Atom (—e)	l'atome
das Gaz (—e)	le gaz
das Oxyd (—e)	l'oxyde
das Metall (—e)	le métal
das Prisma (—en)	le prisme
das Produkt (—e)	le produit
das Resultat (—e)	le résultat
das Centrum (—en)	le centre
das Segment (—e)	le segment
das Lichtbild	la photographie
das Gleichgewicht (s. pl.)	l'équilibre
das Vergrößerungsglas	} le microscope
das Glasrohr (¨e)	
das Schlangenrohr (¨e)	le tube en verre
das Kühlrohr (¨e)	le serpentin
das Gehörrohr (¨e)	le cornet acoustique
das Sprachrohr (¨e)	le porte-voix
das Fernrohr (¨e)	le télescope
das Dezimalsystem (—e)	le système décimal
das Metersystem (—)	le système métrique
das Dreieck (—e)	le triangle
das Vieleck (—e)	le polygone
das Schwefelmetall (—e)	le sulfure
das Chlormetall (—e)	le chlorure

Beiwörter	
natürlich	naturel
fest	solide
flüssig	liquide
gasartig	gazeux
dicht	dense
verborgen	latent
convergirend	convergent
hohl	creux, concave
virtuell	virtuel
organisch	organique
unorganisch	inorganique

Zeitwörter	
manipuliren	manipuler
zerlegen	décomposer
auf-lösen	dissoudre
verbinden (a, u)	combiner
mischen	mélanger
verdünsten	évaporer
verdichten	condenser
strahlen	rayonner
zurück-strahlen	réfléchir
destilliren	distiller
elektrisiren	électriser
telegraphiren	télégraphier
magnetisiren	magnétiser
zählen	compter
rechnen	calculer
zusammen-zählen	additionner
ab-ziehen (zog, gezogen)	soustraire
multipliciren	multiplier
dividiren	diviser
zu einer Potenz erheben (o, o)	élever à une puissance
eine Wurzel aus-ziehen (zog, gezogen)	extraire une racine
eine Gleichung auflösen	résoudre une équation
eine Unbekannte finden (a, u)	trouver une inconnue

Grammatik

Männliche Namen		Weibliche Namen	
der Laut	le son	die Sprache	la langue
der Fall	le cas	die Betonung	l'accentuation
der Satz	la phrase	die Endung	la terminaison
der Accent (—e)	l'accent	die Einheit	le singulier
der Punkt (—e)	le point	die Mehrheit	le pluriel
der Vokal (—e)	la voyelle	die Person	la personne
der Consonant (—en)	la consonne	die Zahl	le nombre
der Positiv	le positif	die Zeit	le temps
der Comparativ	le comparatif	die Art	le mode
der Superlativ	le superlatif	die Gegenwart	le présent
der Indicativ	l'indicatif	die Vergangenheit	le passé
der Conditionalis	le conditionnel	die Zukunft	le futur
der Conjunctiv	le subjonctif	die Partikel	la particule
der Imperativ	l'impératif	die Regel	la règle
der Infinitiv	l'infinitif	die Sylbe	la syllabe
der Buchstabe (—)	la lettre	die Conjugation	la conjugaison
der Anfangsbuchstabe (-)	la lettre initiale	die Congruenz	l'accord
der Selbstlaut (—e)	la voyelle	die Sprachlehre	la grammaire
der Mitlaut (—e)	la consonne	die Satzlehre	la syntaxe
der Umlaut (—e)	l'inflexion	die Muttersprache	la langue maternelle
der Doppellaut	la diphthongue	die Stammsprache	la langue primitive
der Wohllaut	l'euphonie	die abgeleitete Sprache	la langue dérivée
der Gemeinname (—)	le nom commun	die Aussprache	la prononciation
der Eigenname (—)	le nom propre	die Mundart	le dialecte
der Sammelname (—)	le nom collectif	die Wurzelsylbe	la syllabe radicale
der Stoffname (—)	le nom de matière	die Vorsylbe	le préfixe
der Nennfall	le nominatif	die Nachsylbe	le suffixe
der Besitzfall	le génitif	die Vergleichungsstufen	les degrés de comparaison
der Gebefall	le datif		
der Zielfall	l'accusatif	die Fallbiegung	la déclinaison
der Anredefall	le vocatif	die Wortfügung	la construction
der Hauptsatz	la proposition principale	die Sylbentrennung	la séparation des syllabes
der Nebensatz	la proposition subordonnée	die Rechtschreibung	l'orthographe
		die Abkürzung	l'abréviation
der Strichpunkt (—)	le point et virgule	die Zeichensetzung	la ponctuation
der Doppelpunkt (—)	le double point	die Auslassung	l'élision
der Gedankenstrich	le tiret	die Zusammenziehung	la contraction

GRAMMAIRE

Sächliche Namen

das Wort	le mot
das Geschlecht	le genre
das Verb (—e)	le verbe
das Subject (—e)	le sujet
das Object (—e)	le complément
das Prädicat (—e)	l'attribut
das Augment (—e)	l'augment
das Alphabet (—e)	l'alphabet
das Hauptwort	le substantif
das Fürwort	le pronom
das Geschlechtswort	l'article
das Beiwort	l'adjectif
das Eigenschaftswort	l'adjectif qualificatif
das Bestimmungswort	l'adjectif déterminatif
das Zahlwort	l'adjectif numéral
das Grundzahlwort	l'adjectif numéral cardinal
das Ordnungszahlwort	l'adjectif ordinal
das Zeitwort	le verbe
das Hülfszeitwort	le verbe auxiliaire
das Attributivzeitwort	le verbe attributif
das Mittelwort	le participe
das Nebenwort	l'adverbe
das Vorwort	la préposition
das Bindewort	la conjonction
das Empfindungswort	l'interjection
das Komma (—)	la virgule
das Semikolon (—)	le point et virgule
das Fragezeichen (—)	le point interrogatif
das Ausrufungszeichen (-)	le point exclamatif
das Einschlusszeichen (—)	la parenthèse
das Anführungszeichen (-)	les guillemets

Zeitwörter

betonen	accentuer
buchstabiren	épeler
decliniren	décliner
conjugiren	conjuguer
regieren	gouverner

Beiwörter

gedehnt	long (syllabe)
geschärft	bref (syllabe)
tonlos	muet
männlich	masculin
weiblich	féminin
sächlich	neutre
stark	fort
schwach	faible
gemischt	mixte
bestimmt	défini
unbestimmt	indéfini
hinweisend	démonstratif
besitzanzeigend	possessif
beziehend	relatif
unpersönlich	impersonnel
reflectiv	réfléchi
gegenwärtig	présent
vergangen	passé
zukünftig	futur
längstvergangen	passé-plus-que-parfait
vorvergangen	passé antérieur
zielend	actif
leidend	passif
zielos	neutre
rückzielend	réfléchi
direct	direct
indirect	indirect
veränderlich	variable
unveränderlich	invariable
zusammengesetzt	composé
trennbar	séparable
untrennbar	inséparable
regelmäßig	régulier
unregelmäßig	irrégulier
verneinend	négatif
bejahend	affirmatif

Hochschulen, Litteratur und Poesie

Männliche Namen		Weibliche Namen	
der Schüler (—)	l'élève	die Schule	l'école
der Aufsatz	la narration	die Arbeit	le travail
der Text	le texte	die Aufgabe	le devoir
der Extraner (—)	l'externe	die Uebersetzung	la traduction
der Pensionär	le pensionnaire	die Abhandlung	la dissertation
der Student (— en)	l'étudiant	die Vorlesung	le cours
der Jurist (— en)	l'étudiant en droit	die Ausarbeitung (für die Plätze)	la composition (pour les places)
der Mediciner (—)	l'étudiant en médecine	die Preisarbeit	la composition pour les prix
der Kandidat (— en)	le candidat	die Prüfung	l'examen
der Baccalaureus (—)	le bachelier	die Preisaustheilung	la distribution des prix
der Licentiat (— e)	le licencié	die Ferien	les vacances
der Doctor (—s, — en)	le docteur	die Freistunde	la récréation
der Examinator (-s, -en)	l'examinateur	die Volksschule	l'école primaire
der Professor (—s, — en)	le professeur	die Realschule	l'école professionnelle
der Rector (—s, — en)	le recteur	die Militärschule	l'école militaire
der Dekan (— e)	le doyen	die Forstschule	l'école forestière
der Censor (—s, — en)	le censeur	die Abhandlung	le traité
der Provisor (— en)	le proviseur	die Zeitung	le journal
der Lehrstuhl	la chaire	die Skizze	l'esquisse
der Hörsaal	l'auditoire	die Schrift	l'écrit
der Studiensaal	la salle d'étude	die Vorrede	l'avant-propos
der Eßsaal	le réfectoire	die Seite	la page
der Schlafsaal	le dortoir	die Zeile	la ligne
der Schriftsteller (—)	l'écrivain	die Herausgabe	l'édition
der Verfasser (—)	l'auteur	die Beilage	le supplément
der Uebersetzer (—)	le traducteur	die Prosa (s. pl.)	la prose
der Verleger (—)	l'éditeur	die Periode	la période
der Buchdrucker (—)	l'imprimeur	die Fabel	la fable
der Theil	le tome	die Legende	la légende
der Band ("e)	le volume	die Allegorie	l'allégorie
der Einband (s. pl.)	la reliure	die Poesie	la poésie
der Rand ("er)	la marge	die Quantität	la quantité
der Druck (—e)	l'impression	die Strophe	la strophe
der Vers	le vers	die Verslehre	la métrique
der Reim	la rime	die Redeblume	la fleur de rhétorique
der Versfuß	le pied (d'un vers)	die Sylbenmessung	la mesure

UNIVERSITÉ, LITTÉRATURE ET POÉSIE

Sächliche Namen

das Seminarium (—ien)	le séminaire
das Lyceum (—een)	le lycée
das Gymnasium (—ien)	le gymnase ou collége
das Externat (—e)	l'externat
das Baccalaureat (—e)	le baccalauréat
das Doctorat (—e)	le doctorat
das Exercitium (—ien)	l'exercice (thème)
das Examen (—)	l'examen
das Zeugniß (—e)	le diplôme
das Concept (—e)	le brouillon
das Kostgeld	le prix de la pension
das Kosthaus	la maison de pension
das Sprachzimmer (—)	le parloir
das Klassenbuch)	le cahier de correspondance
das Wörterbuch	le dictionnaire
das Werk	l'ouvrage
das Buch	le livre
das Blatt	la feuille
das Heft (—e)	le cahier
das Wort	le mot
das Gedicht (—e)	le poëme
das Lied	la chanson
das Räthsel (—)	l'énigme
das Satzglied	le membre de phrase
das Kapitel (—)	le chapitre
das Format (—e)	le format
das Exemplar (—e)	l'exemplaire
das Epigramm (—e)	l'épigramme
das Sonett (—e)	le sonnet
das Madrigal (—e)	le madrigal
das Anagramm (—e)	l'anagramme
das Drama (—en)	le drame
das Trauerspiel (—e)	la tragédie
das Lustspiel (—e)	la comédie
das Possenspiel (—e)	la farce
das Theaterstück (—e)	la pièce de théâtre

Beiwörter

mündlich	de vive voix
schriftlich	par écrit
leserlich	lisible
unleserlich	illisible
gekritzelt	griffonné
geschmiert	barbouillé
schwülstig	ampoulé
einfach	simple
Wort für Wort	mot à mot
weitschweifig	prolixe

Zeitwörter

lesen (a, e)	lire
stottern	bégayer
schnarren	grasseyer
gut aus-sprechen (a, o)	bien prononcer
radebrechen (a, o)	écorcher (une langue)
vom Blatt übersetzen	traduire à livre ouvert
blättern	feuilleter
vor-tragen (u, a)	exposer
beweisen (ie, ie)	démontrer
durch-fallen (ie, a)	échouer
an-nehmen (nahm, genommen)	admettre
seine Prüfungen bestehen (bestand, bestanden)	passer ses examens
schreiben (ie, ie)	écrire
ab-schreiben (ie, ie)	copier
ab-fassen	rédiger
verfassen	composer
drucken	imprimer
einrücken	insérer
kritisiren	critiquer
verbessern	corriger
Verse machen	faire des vers
in Verse setzen	mettre en vers
reimen	rimer
ein Theaterstück spielen	jouer
geben (a, e)	donner
aufführen	représenter une pièce de théâtre

Musik und Instrumente

Männliche Namen		Weibliche Namen	
der Schall	le son	die Musik (s. pl.)	la musique
der Ton	le ton	die Note	la note
der Gesang	le chant	die Pause	la pause
der Tact (—e)	la mesure	die Symphonie	la symphonie
der Schlüssel	la clef	die Sonate	la sonate
der Bogen	l'archet	die Partitur	la partition
der Flügel	le piano à queue	die Stimme	la voix
der Chor	le chœur	die Violine ou	} le violon
der Sänger	le chanteur	die Geige	
der Sopransänger	le soprano	die Saite	la corde
der Altosänger	l'alto	die Guitarre	la guitare
der Tenorsänger	le tenor	die Harfe	la harpe
der Barytonsänger	le baryton	die Leier	la lyre
der Baßsänger	la basse	die Laute	le luth
der Musiker	le musicien (artiste)	die Zither	la mandoline
der Musikant (—en)	le musicien (ambulant)	die Orgel	l'orgue
der Organist (—en)	l'organiste	die Taste	la touche
der Violonist (—en)	le violoniste	die Flöte	la flûte
der Pianist (—en)	le pianiste	die Klappe	la clef
der Flötist (—en)	le flûtiste	die Clarinette	la clarinette
der Clarinettist (—en)	le clarinettiste	die Trompete	la trompette
der Trompeter	le trompette	die Hoboe	le hautbois
der Trommler	le tambour	die Posaune	la trompe
der Harfenspieler	le harpiste	die Pauke	la timbale
der Leierspieler	le joueur de lyre	die Trommel	le tambour (caisse)
der Lautenspieler	le luthiste	die Cymbel	la cymbale
der Hornbläser	celui qui joue du cor	die Vokalmusik	la musique vocale
der Triangel (—)	le triangle	die Instrumentalmusik	la musique instrumentale
der Bogenstrich	le coup d'archet	die Nachtmusik	la sérénade
der Geigenhals	le manche du violon	die Notenlinien (pl.)	la portée
der Geigenzapfen (—)	la cheville	die Tonleiter	la gamme
der Geigensattel	le chevalet	die Baßgeige	la basse
der Resonanzboden	la table d'harmonie	die große Baßgeige	la contre-basse
der Schellenbaum	le chapeau chinois	die Orgelpfeife	le tuyau d'orgue
der Trommelschlägel (—)	la baguette (tambour)	die Stimmgabel	le diapason

MUSIQUE ET INSTRUMENTS

Sächliche Namen

das Buch	le livre
das Heft (—e)	le cahier
das Kreuz (—e)	le dièze
das Mollzeichen (—)	le bémol
das Lied	la chanson
das Spiel (—e)	le jeu
das Horn	le cor
das Instrument (—e)	l'instrument
das Quartett (—e) ou	
das Quatuor	le quatuor
das Trio (—s)	
das Terzett (—e)	le trio
das Solo (—s)	le solo
das Oratorium (—ien)	l'oratorio
das Orchester (—)	l'orchestre
das Concert (—e)	le concert
das Violoncell (—e)	le violoncelle
das Clavier (—e) ou	
das Pianoforte (—)	le piano
das Flaschinett (—e)	le flageolet
das Theater (—)	le théâtre
das Parterre (—)	le parterre
das Saiteninstrument (-e)	l'instrument à cordes
das Blasinstrument (-e)	l'instrument à vent
das Mundstück (—e)	l'embouchure
das Jagdhorn	le cor de chasse
das Klappenhorn	le cornet à piston
das Fußregister (—)	la pédale
das Vorspiel (—e)	le prélude
das Zwischenspiel (—e)	l'intermède
das Nachspiel (—e)	la sortie
das Schauspiel (—e)	le spectacle
das Notenbuch	le livre de musique
das Musikstück (—e)	le morceau de musique
das Geigenharz (s. pl.)	la colophane

Beiwörter

musikalisch	musical et musicien
melodisch	melodieux
wohlklingend	suave
lieblich	agréable
sanft	doux
dumpf	sourd
kreischend	criard
falsch	faux
hoch	aigu
tief	grave
stark	fort

Zeitwörter

die Musik lieben	aimer la musique
musiciren	faire de la musique
singen (a, u)	chanter
schreien (ie, e)	crier
brüllen	beugler
vom Blatte singen (a, u)	chanter à livre ouvert
begleiten	accompagner
stimmen	accorder
eine Saite aufziehen (zog, gezogen)	monter une corde
den Tact schlagen (u, a)	battre la mesure
an-stimmen	entonner
Clavier spielen	jouer du piano
Orgel treten (a, e)	jouer de l'orgue
Laute schlagen (u, a)	jouer du luth
die Saiten kneifen (i, i)	pincer les cordes
geigen	jouer du violon
auf der Geige kratzen	racler du violon
trompeten	sonner de la trompette
trommeln	tambouriner
die Trommel rühren	battre le tambour
wirbeln	battre un roulement
erschallen	retentir
tönen	résonner

Spiel und Belustigungen

Männliche Namen		Weibliche Namen	
der Ball	la balle	die Schaukel	la balançoire
der Kreisel (—)	la toupie	die Kugel	la boule
der Reif	le cerceau	die Kegelbahn	le quillier
der Drache (—n)	le cerf-volant	die Karte	la carte
der Kegel (—)	la quille	die Partie	la partie
der Spieler	le joueur	die Dame	la dame
der Mitspieler	le partenaire	die Quint	la quinte
der Stock	le talon	die Quart	la quatrième
der Stich	le point	die Terz	la tierce
der Trumpf	l'atout	die Terne	le terne
der König	le roi	die Quaterne	le quaterne
der Bube (—n)	le valet	die Quinterne	le quine
der Stein	le jeton	die Quadrille	le quadrille
der Würfel	le dé	die Maske	le masque
der Bauer (—n)	le pion (aux échecs)		
der Läufer	le fou	die Vorhand (s. pl.)	la main (au jeu)
der Springer	le cavalier	die Hinterhand (s. pl.)	le dernier
der Thurm	la tour	die Herzzehn	le dix de cœur
der Einsatz	l'enjeu	die Pikneun	le neuf de pique
der Ball	le bal	die Kreuzacht	le huit de trèfle
der Tanz	la danse	die Ecksteinsieben	le sept de carreau
der Tänzer	le danseur	die Spielmarke	le jeton, la fiche
der Walzer (—)	la valse	die Spazierfahrt	la partie en voiture
der Galopp (—e)	le galop	die Schlittenfahrt	la partie en traîneau
der Besuch (—e)	la visite	die Jagdpartie	la partie de chasse
der Empfang (s. pl.)	la réception	die Jagdkleidung	le costume de chasse
der Schlitten	le traîneau	die Jagdtasche	la gibecière
der Ausflug	l'excursion	die Jagdflinte	le fusil de chasse
der Spaziergang	la promenade	die Armbrust (¨e)	l'arbalète
der Spazierritt	la promenade à cheval	die Landpartie	la partie de campagne
der Schlittschuh (—e)	le patin	die Abendgesellschaft	la soirée
der Maskenball	le bal masqué	die Tanzgesellschaft	la soirée dansante
der Ballsaal	la salle de bal	die Tanzmusik	la musique de danse
der Zeitvertreib (s. pl.)	le passe-temps	die Tanzstunde	la leçon de danse
der Turnverein (—e)	la société de gymnastique	die Abendglocke	le couvre-feu
		die Turnanstalt	l'établissement de gymnastique

JEUX ET AMUSEMENTS

Sächliche Namen		Zeitwörter	
das Spiel (—e)	le jeu	spielen	jouer
das Tanzen (s. pl.)	la danse (action de danser)	Ball spielen	jouer à la balle
das Jagen	la chasse (action de chasser)	den Ball fangen (ie, a)	attraper la balle
das Ecarté (s. pl.)	l'écarté	schaukeln	balancer
das Piket (s. pl.)	le piquet	kegeln	jouer aux quilles
das Whist (s. pl.)	le whist	das Brett verfehlen	manquer la planche
das Aß (—e)	l'as	nieder-werfen (a, o)	abattre (quilles)
das Herzaß (—e)	l'as de cœur	auf-setzen	dresser les (quilles)
das Pikaß (—e)	l'as de pique	rollen	rouler
das Kreuzaß (—e)	l'as de trèfle	nach-stoßen (ie, o)	queuter
das Ecksteinaß (—e)	l'as de de carreau	Karten spielen	jouer aux cartes
		Karten schlagen (u, a)	tirer les cartes (l'horoscope)
das Hazardspiel (—e)	le jeu de hasard	mischen	mêler, battre les cartes
das Kartenspiel (—e)	le jeu de cartes	ab-heben (o, o)	couper
das Billardspiel (—e)	le jeu de billard	aus-geben (a, e)	jouer, donner une carte
das Kegelspiel (—e)	le jeu de quilles	die Vorhand haben	avoir la main
das Damenspiel (—e)	le jeu de dame	in der Hinterhand sein	être le dernier
das Schachspiel (—e)	le jeu aux échecs	weg-werfen (a, o)	écarter
das Brettspiel (—e)	le tric-trac	stechen (a, o)	couper
das Dominospiel (—e)	le domino	überstechen (a, o)	surcouper
das Lottospiel (—e)	le jeu de loto	ab-trumpfen	couper avec atout
das Gänsespiel (—e)	le jeu de l'oie	einen Stich machen	faire un point
das Blindekuhspiel (—e)	le jeu de colin-maillard	matsch sein	être capot
das Viereckspiel (—e)	les quatre coins	verspielen	perdre (au jeu)
das Versteckspiel (—e)	le jeu de cache-cache	einsetzen	mettre au jeu
das Kinderspiel (—e)	le jeu d'enfants	gewinnen (a, o)	gagner
		spazieren gehen (ging, gegangen)	se promener à pied
das Damenbrett	le damier		
das Schachbrett	l'échiquier	spazieren fahren (u, a)	se promener en voiture
das Wettrennen (s. pl.)	la course	spazieren reiten (itt, itt)	se promener à cheval
das Pferderennen (s. pl.)	les courses aux chevaux	Schlittschuhe laufen (ie, au)	patiner
das Barlaufen (s. pl.)	jouer aux barres		
das Ueberspringen (s. pl.)	le saute-mouton	Schlitten fahren (u, a)	aller en traîneau
das Seilspringen (s. pl.)	sauter à la corde	tanzen	danser
das Schaukelpferd (—e)	le cheval à bascule	sich verkleiden	se déguiser
das Turnen ou		sich maskiren	se masquer
das Turnwesen	la gymnastique	turnen	faire de la gymnastique

Heerwesen

Männliche Namen		Weibliche Namen	
der Militärdienst (s. pl.)	le service militaire	die Wehrpflicht (s. pl.)	le service obligatoire
der Befehlshaber (—)	le commandant en chef	die Armee	l'armée
der Marschall	le maréchal	die Infanterie	l'infanterie
der General (—e)	le général	die Kavalerie ou	la cavalerie
der Stab ou	l'état-major	die Reiterei	
der Generalstab		die Artillerie	l'artillerie
der Oberst (—e)	le colonel	die Gendarmerie	la gendarmerie
der Oberstlieutenant (-s)	le lieutenant-colonel	die Mobilgarde	la garde mobile
der Commandant	le commandant	die Nationalgarde	la garde nationale
der Platzcommandant	le commandant de place	die Intendantur	l'intendance
der Major	le major, chef de bataillon	die Verproviantirung	l'approvisionnement
		die Montirung	l'équipement
der Hauptmann ("er)	le capitaine	die Garnison	la garnison (lieu)
der Rittmeister	le capitaine de cavalerie	die Besatzung	la garnison (troupes)
		die Division	la division
der Lieutenant (—s)	le lieutenant	die Colonne	la colonne
der Unterlieutenant (-s)	le sous-lieutenant	die Schwadrone	l'escadron
der Offizier	l'officier	die Compagnie	la compagnie
der Unteroffizier	le sous-officier	die Corporalschaft	l'escouade
der Fähnrich	l'enseigne	die Patrouille	la patrouille
der Feldwebel	le sergent-major	die Reiterwache	la vedette
der Sergent	le sergent	die Schildwache	la sentinelle
der Corporal (—e)	le caporal	die Wachtstube	le corps de garde
der Soldat (—en)	le soldat	die Ordonnanz	le planton
der Reiter (—)	le cavalier	die Mannszucht (s. pl.)	la discipline
der Fußgänger (—)	le fantassin	die Strafe	la punition
der Plänkler	le tirailleur	die Arreststrafe	les arrêts
der Führer	le guide	die Festungsstrafe	la détention dans une enceinte fortifiée
der Lazarethgehülfe	l'infirmier		
der Freiwillige	le volontaire	die Todesstrafe	la peine de mort
der Rekrut (—en)	la recrue ou conscrit	die Loosung	le tirage au sort
der Nachzügler	le traînard	die Musterung	la révision
der Ausreißer	le déserteur	die Ausbildung	l'instruction
der Ueberläufer	le transfuge	die Landwehr (s. pl.)	la milice ou la landwehr
der Spion (—e)	l'espion		

ARMÉE

Sächliche Namen	
das Heer (—e)	l'armée
das Glied	le rang
das Gewehr (—e)	l'arme
das Regiment	le régiment
das Bataillon (—s)	le bataillon
das Peloton (—s)	le peloton
das Exercitium (—ien)	l'exercice
das Quartier (—e)	le quartier
das Fußvolk	l'infanterie
das Schilderhaus	la guérite

ans Gewehr!	aux armes!
Achtung!	attention!
Gewehr — auf!	portez armes!
Gewehr — ab!	reposez armes!
in Arm — 's Gewehr!	l'arme bras!
zu Fuß — 's Gewehr!	l'arme terre!
schultert — 's Gewehr!	l'arme sur l'épaule!
präsentirt — 's Gewehr!	présentez armes!
ladet — 's Gewehr!	chargez!
fertig!	apprêtez vos armes!
legt an!	joue!
Feuer!	feu!
Gewehr in Ruh!	l'arme au repos!
Gewehr — über!	l'arme sur l'épaule!
Augen — rechts!	tête à droite!
Augen — links!	tête à gauche!
vorwärts — marsch!	en avant marche!
Fuß getreten!	marquez le pas!
Schritt gewechselt!	changez le pas!
rechts — um!	demi-tour à droite!
einen Schritt zurück!	un pas en arrière!
Halt!	halte!
Wer da!	qui vive!
die Parole!	le mot d'ordre!

Beiwörter	
brav	brave
tapfer	vaillant
kühn	courageux
verwegen	téméraire
menschlich	humain
grausam	cruel
furchtsam	peureux
feig	lâche
zahlreich	nombreux
gut montirt	bien équipé
exercirt	exercé
commandirt	commandé

Zeitwörter	
befehlen (a, o)	donner un ordre
befehligen	commander (une armée)
loosen	tirer au sort
eine schlechte Nummer ziehen (zog, gezogen)	tirer un mauvais numéro
mustern	passer en revue, inspecter
sich engagiren	s'engager
Soldat werden (ward, geworden)	devenir soldat
Dienst nehmen (nahm, genommen)	prendre du service
zur Infanterie gehen (ging, gegangen)	entrer dans l'infanterie
Truppen aus-heben (hob, gehoben)	lever des troupes.
bewaffnen	armer
montiren	équiper
aus-bilden	former
bändigen	dompter, discipliner
zur Zucht an-halten (ie, a)	habituer à la discipline
exerciren	exercer
einquartiren	loger, installer
strafen	punir
züchtigen	châtier
decoriren	décorer

Waffen und Ausrüstung

Männliche Namen		Weibliche Namen	
der Lauf	le canon (d'une arme à feu)	die Waffe	l'arme
der Stoß	la culasse	die Lunte	la mèche
der Kolben (—)	la crosse	die Flinte	le fusil
der Schaft (—e)	le fût	die Kugel	la balle
der Stock ou der Ladstock	la baguette	die Ladung	la charge
		die Mündung	la bouche d'une arme à feu
der Hahn	le chien	die Protze	l'avant-train
der Drücker	la détente	die Kanone	le canon
der Pfropf	la bourre	die Batterie	la batterie
der Schuß	le coup de feu	die Bombe	la bombe
der Mörser	le mortier	die Granate	l'obus
der Karabiner	la carabine	die Kartätsche (s. pl.)	la mitraille
der Revolver	le revolver	die Rakete	la fusée
der Säbel	le sabre	die Patrone	la cartouche
der Degen	l'épée	die Lanze	la lance
der Griff	la poignée	die Klinge	la lame
der Gürtel	le ceinturon	die Schneide	le tranchant
der Helm	le casque	die Spitze	la pointe
der Panzer	la cuirasse	die Scheide	le fourreau
der Schild	le bouclier	die Troddel	la dragonne
der Pfeil	la flèche	die Schärpe	l'écharpe
der Tornister	le sac	die Litze	le galon
der Vorlader	l'arme qui se charge par la bouche	die Epaulette	l'épaulette
der Hinterlader	l'arme qui se charge par la culasse	die Gamasche	la guêtre
		die Fahne	le drapeau
der Kugelzieher	le tire-bourre	die Fahnenstange	la hampe
der Gewehrriemen	la bretelle	die Kanonenkugel	le boulet de canon
der Geschützzug	le train d'artillerie	die Flintenkugel	la balle de fusil
der Artilleriepark (—e)	le parc d'artillerie	die Tragweite	la portée
der Vorderwagen	l'avant-train d'un caisson	die Pickelhaube	le casque à pointe
der Hinterwagen	l'arrière-train	die Feldmütze	le bonnet de police
der Packwagen	le fourgon	die Bärenmütze	le bonnet à poil
der Pulverwagen	le caisson de poudre	die Patronentasche	la giberne
der Geschützmunitionswagen	le caisson d'artillerie	die Feldflasche	le bidon
der Protzkasten	le coffret d'avant-train	die Knopfgabel	la patience
der Luntenstock	le boute-feu	die Zündpfanne	le bassinet
der Perkussionszünder	l'amorce		

ARMES ET ÉQUIPEMENT

Sächliche Namen			Zeitwörter	
das Geschütz (—e)	la bouche à feu (canon)		aus-rüsten	équiper
das Gespann (—e)	l'attelage		sich versammeln	se rallier
das Geschirr (—e)	le harnais		aus-marschiren	sortir de ville
das Geschoß (—e)	le projectile		exerciren	faire l'exercice
das Gewehr (—e)	l'arme (le fusil)		die Waffen putzen	nettoyer les armes
das Terzerol (—e)	le pistolet de poche		grüßen	saluer
das Feuer	le feu		still-stehen (stand, gestanden)	s'arrêter
das Pulver (s. pl.)	la poudre		ins Gewehr treten (a, e)	prendre les armes
das Blei (s. pl.)	le plomb		das Gewehr präsentiren	présenter arme
das Schrot (s. pl.)	le menu plomb		die Parole aus-geben (a,e)	donner le mot d'ordre
das Schwert	le glaive		im Tritt gehen (ging, gegangen)	marcher au pas
das Eisen (s. pl.)	le fer		aus-treten (a, e)	sortir des rangs
das Beil (—e)	la hache		ein-treten (a, e)	rentrer dans les rangs
das Bayonnett (—e)	la baïonnette		ab-schwenken	rompre par une conversion
das Kepi (—)	le képi		ab-brechen (a, o)	rompre le peloton
			die Kolonne schließen(o,o)	serrer la colonne
das Feldgeschütz (—e)	l'artillerie de campagne		laden (u, a)	charger
das Belagerungsgeschütz (—e)	l'artillerie de siége		blind schießen (o, o)	tirer à blanc
das Festungsgeschütz (-e)	l'artillerie de place		scharf schießen (o, o)	tirer à balle
das schwere Geschütz (-e)	la grosse artillerie		an-schirren	enharnacher
das leichte Geschütz (-e)	l'artillerie légère		an-spannen	atteler
das Feuergewehr (—e)	l'arme à feu		ab-spannen	dételer
das gezogene Gewehr(-e)	l'arme rayée		auf-protzen	amener l'avant-train
das Zündnadelgewehr(-e)	le fusil à aiguille		ab-protzen	ôter l'avant-train
das Kreuzfeuer	le feu croisé		zielen	viser
das Schießpulver	la poudre à tirer		richten	pointer
das Sprengpulver	la poudre de mine		an zünden	allumer
das Knallpulver	la poudre fulminante		los-gehen (ging, gegangen)	partir
das Zündpulver	l'amorce		aus-wischen	écouvillonner
das Zündloch	la lumière (d'une arme à feu)		vernageln	enclouer
das Zündhütchen (—)	la capsule		gefechtsuntüchtig machen	démonter (une pièce)
das Feldbeil (—e)	la hache de campagne		das Geschütz auf-fahren (u,a)	parquer les pièces
das Stichblatt	la garde de l'épée		satteln	seller
das Sturmband	la jugulaire		auf-sitzen (a, e)	monter à cheval
das Kinnband	la mentonnière		ab-sitzen (a, e)	mettre pied à terre
das Kochgeschirr	{ la vaisselle pour faire la cuisine		den Zapfenstreich schlagen (u,a)	battre la retraite
das Flickmaterial	{ ce qu'il faut pour raccommoder		die Reveil blasen (ie, a)	sonner le réveil

Vom Krieg

Männliche Namen

der Krieg	la guerre
der Kriegsvorrath	les munitions de guerre
der Mundvorrath	les provisions de bouche
der Rüstwagen (—)	le chariot de guerre
der Munitionswagen (–)	le caisson
der Packwagen (—)	le fourgon
der Feldzug	la campagne
der Marsch	la marche
der Posten (—)	le poste
der Vorposten (—)	l'avant-poste
der Vortrab (s. pl.)	l'avant-garde
der Nachtrab (s. pl.)	l'arrière-garde
der Angriff	l'attaque
der Kampf	le combat
der Ueberfall	la surprise
der Rückzug	la retraite
der Sieg	la victoire
der Gefangene (—n)	le prisonnier
der Verwundete (—n)	le blessé
der Wundarzt	le chirurgien
der Lazarethgehülfe (–n)	l'infirmier
der Wall	le rempart
der Graben	le fossé
der Damm	la digue
der Pfahl	le pieu
der Sumpf	le marais
der Wallgang	le terre-plein
der Laufgraben	la tranchée
der Schanzkorb	le gabion
der Halbmond (— e)	la demi-lune
der Belagerer	l'assiégeant
der Belagerte (— e)	l'assiégé
der Ausfall	la sortie
der Sturm	l'assaut
der Waffenstillstand	l'armistice
der Frieden (s. pl.)	la paix

Weibliche Namen

die Kriegserklärung	la déclaration de guerre
die Truppenaushebung	la levée des troupes
die Wache	la garde
die Streifwache	la patrouille
die Schildwache	la sentinelle
die Beiwache	le bivouac
die Schlacht	la bataille
die Verstärkung	le renfort
die Niederlage	la défaite
die Flucht	la fuite
die Verfolgung	la poursuite
die Gefangenschaft	la captivité
die Festung	la forteresse
die Umwallung	l'enceinte
die Brüstung	l'épaulement
die Bekleidung	le revêtement
die Blendung	le blindage
die Besatzung	la garnison (soldats)
die Belagerung	le siège
die Bestürmung	l'assaut
die Plünderung	le pillage
die Unterhandlung	la négociation
die Ringmauer	le mur d'enceinte
die Brustwehr	le parapet
die Schießscharte	la meurtrière
die Schanze	le retranchement
die Schreckschanze	la redoute
die Zugbrücke	le pont-levis
die Drehbrücke	le pont tournant
die Schiffbrücke	le pont de bateaux
die Sturmleiter	l'échelle d'assaut
die Citadelle	la citadelle
die Casematte	la casemate
die Bresche	la brèche
die Einnahme	la prise
die Uebergabe	la reddition

DE LA GUERRE

Sächliche Namen		Zeitwörter	
das Heer (—e)	l'armée	den Krieg erklären	déclarer la guerre
das Feld	la campagne	den Feldzug an-treten(a,e)	entrer en campagne
das Lager (—)	le camp	ab-marschiren	partir
das Zelt (—e)	la tente	das Lager aufschlagen (u, a)	établir son camp
das Bivak	le bivouac	lagern	camper
das Gefecht (—e)	la rencontre	bivakiren	bivouaquer
das Geschrei (s. pl.)	les cris	Schildwache stehen (stand, gestanden)	être en faction
das Gemetzel (—)	le carnage	Lärm blasen (ie, a)	sonner l'alarme
das Lazareth (—e)	l'hôpital	an-greifen (iff, iff)	attaquer
das fliegende Lazareth (-e)	l'ambulance	den Kampf beginnen (a, o)	commencer le combat
das verschanzte Lager(—)	le camp retranché	sich vertheidigen	se défendre
das Feldlager (—)	le bivouac	fechten (o, o)	lutter
das Wachfeuer (—)	le feu de bivouac	kämpfen	combattre
das Scharmützel (—)	l'escarmouche	sich schlagen (u, a)	se battre
das Schlachtfeld	le champ de bataille	sich zurück-ziehen (zog, gezogen)	se replier
das Handgemenge (—)	la mêlée	sich ergeben (a, e) auf Gnade und Ungnade	se rendre à discrétion
das Forts (—s)	le fort	die Waffen strecken	déposer les armes
das Schloß	le château, la serrure	gefangen nehmen (nahm, genommen)	faire prisonnier
das Thor (—e)	la porte	verwunden	blesser
das Glacis (—)	le glacis	verbinden (a, u)	bander
das Erdwerk (—e)	l'ouvrage de terre	verstümmeln	mutiler
das Festungswerk (—e)	les fortifications	belagern	assiéger
das Bollwerk (—e)	le boulevard	ein-schließen (o, o)	investir
das Pfahlwerk (—e)	la palissade	unter Wasser setzen	inonder
das Außenwerk (—e)	l'ouvrage avancé	beschießen (o, o)	bombarder
das bastionirte Werk(—e)	le fort bastionné	einen Ausfall machen	faire une sortie
das Schließloch	le créneau	zurück schlagen (u, a)	repousser
das Ausfallthor (—e)	la poterne	erstürmen	prendre d'assaut
das Fallgatter (—)	la herse	erklettern	escalader
das Gatterthor (—e)	la porte à claire-voie	ein-nehmen(nahm,genommen)	prendre (ville)
das Wallgeschütz	les pièces de la place	plündern	piller
das Schanzzeug	les outils de pionnier	schleifen	raser
das Aufheben einer Belagerung	la levée de siége	in Unterhandlungen treten(a,e)	entrer en négociation
		Frieden machen	faire la paix
das Hauptquartier (—e)	le quartier général	die Kriegsentschädigung bezahlen	payer des frais de guerre.
das Winterquartier(—e)	le quartier d'hiver		

Seewesen

Männliche Namen

der Admiral	l'amiral
der Contre-Admiral	le contre-amiral
der Schiffskapitän	le capitaine de vaisseau
der Lieutenant (— s)	le lieutenant
der Schiffsarzt	le chirurgien de bord
der Bootsmann (¨ er)	le contre-maître
der Steuermann (¨ er)	le pilote
der Ruderer (—)	le rameur
der Ruderführer	le timonier
der Seesoldat (— en)	le soldat de marine
der Schiffsherr (— n)	le patron
der Schiffsjunge (— n)	le mousse
der Matrose (— n)	le matelot
der Seeräuber (—)	le pirate
der Passagier (— e)	le passager
der Dreidecker	le vaisseau à 3 ponts
der Kahn	le canot
der Brander	le brûlot
der Oberlauf	le tillac
der Schiffsgrund	la sentine
der Mastkorb	la hune
der Mastbaum	le mât
der Besanmast (— en)	l'artimon
der Ballast	le lest
der Bug	la proue
der Kiel	la quille
der Segel	la voile
der Dampf	la vapeur
der Wimpel	le pavillon
der Anker	l'ancre
der Compas	la boussole
der Schiffbruch	le naufrage
der Schiffbrüchige (— n)	le naufragé
der Leuchtthurm	le phare.

Weibliche Namen

die Marine (s. pl.)	la marine
die Flotte	la flotte
die Fregatte	la frégate
die Schaluppe	la chaloupe
die Barke	la barque
die Corvette	la corvette
die Galeere	la galère
die Gondel	la gondole
die Tonne	la tonne
die Pumpe	la pompe
die Kajüte	la cabine
die Wand (¨ e)	le hauban
die Flagge	le pavillon
die Rhede	la rade
die Ebbe	la basse-marée
die Fluth	la haute-marée
die Strömung	le courant
die Ebbe und Fluth	le flux et le reflux
die Vorderschanze	le gaillard d'avant
die Hinterschanze	le gaillard d'arrière
die Hängematte	le hamac
die Marsstange	le mât de hune
die Dampfmaschine	la machine à vapeur
die Pulverkammer	la salle à poudre
die Schiffstreppe	l'écoutille
die Schiffslaffete	l'affût de bord
die Schiffsrüstung	l'équipement d'un vaisseau
die Schiffsladung	la cargaison
die Schiffsmannschaft	l'équipage
die Schiffswerft	le chantier
die Schiffbaukunst (s.pl.)	l'architecture navale
die Schifffahrt	la navigation, voyage par eau
die Schifffahrtskunde	science nautique

MARINE

Sächliche Namen		Zeitwörter	
das Schiff (—e)	le navire	ein Schiff bauen	construire un vaisseau
das Boot (—e)	le bateau (à vapeur)	vom Stapel lassen (ie, a)	lancer un vaisseau
das Seil (—e)	la corde	an-binden (a, u)	amarrer
das Tau (—e)	le câble	los-binden (a, u)	démarrer
das Rad	la roue	sich ein-schiffen	s'embarquer
das Rohr (¨ e)	le tuyau, tube	ab-fahren (u, a)	partir
das Wrack (—e)	les débris, la carcasse d'un vaisseau naufrag.	vor Anker liegen (a, e)	rester à l'ancre
		den Anker werfen (a, o)	jeter l'ancre
		den Anker lichten	lever l'ancre
das Verdeck (—e)	le pont	unter Segel gehen (ging, gegangen)	mettre à la voile
das Kriegsschiff (—e)	le vaisseau de guerre		
das Segelschiff (—e)	le navire à voiles	segeln nach	faire voile vers
das Dampfschiff (—e)	le bateau à vapeur	schiffen nach	naviguer vers / naviguer (en parlant d'un vaisseau)
das Rennschiff (—e)	le brigantin		
das Raubschiff (—e)	le corsaire	fahren (u, a)	
das Handelsschiff (—e)	le vaisseau marchand	rudern	ramer
das Schleppschiff (—e)	le remorqueur	steuern	gouverner, piloter
das Blockschiff (—e)	le radeau	laviren	louvoyer
das Packboot (—e)	le paquebot	seekrank sein	avoir le mal de mer
das Vordertheil (—e)	la proue	sich erbrechen (a, o)	vomir
das Hintertheil (—e)	la poupe	an-landen	aborder
das Steuerruder (—)	le gouvernail	an das Land setzen	mettre à terre
das kleine Ruder (—)	l'aviron	aus-steigen (ie, ie)	mettre pied à terre
das Steuerbord (—e)	le tribord	über Bord werfen (a, o)	jeter à le mer
das Backbord (—e)	le bâbord	ein Schiff miethen	affréter
das Seilwerk ou das Tauwerk	les cordages	masten	mâter
		betakeln	gréer
		winden	faire du vent
das Mastwerk (s. pl.)	la mâture	stürmen	faire de la tempête
das Ankertau (—e)	le câble d'ancre	sorren	amarrer
das Sorrtau (—e)	l'amarre	die Segel ein-ziehen (zog, gezogen)	ferler les voiles
das Bugspriet (—e)	le beaupré		
das Sprachrohr (¨ e)	le porte-voix	spannen	tendre les voiles
das Schiffsgerippe (s. pl.)	la carcasse d'un vaisseau	steigen (ie, ie)	monter
das Schiffsgebäude (—)	la charpente	brausen	mugir
das Schiffsgeräthe (s. pl.)	les agrès	branden	se briser (contre les rochers en parlant de la mer)
das Schiffsheer (—e)	l'armée navale	schäumen	écumer
das Schiffsgeschütz	l'artillerie navale	unter-gehen (ging, gegangen)	sombrer

Geistlichkeit und Justiz

Männliche Namen		Weibliche Namen	
der Papst	le pape	die Kirche	l'église
der Cardinal	le cardinal	die Geistlichkeit	le clergé
der Erzbischof	l'archevêque	die Priesterwürde	le sacerdoce
der Bischof	l'évêque	die Prälatenwürde	la prélature
der Prälat (— en)	le prélat	die Pfarre	la cure
der Domherr (— n)	le chanoine	die Abtei	l'abbaye
der Pfarrer	le curé	die Aebtissin (— nen)	l'abbesse
der Pastor	le pasteur	die Nonne	la nonne
der Rabbiner	le rabbin	die Klosterfrau	la religieuse
der Vikar	le vicaire	die Pförtnerin (— nen)	la portière
der Priester	le prêtre	die Pforte	la porte
der Abt	l'abbé	die Kapelle	la chapelle
der Mönch	le moine	die Glocke	la cloche
der Einsiedler	l'ermite	die Sakristei	la sacristie
der Küster	le sacristain	die Justiz	la justice (tribunal)
der Richter	le juge	die Gerechtigkeit	la justice
der Friedensrichter	le juge de paix	die Vorladung vor Gericht	la citation
der Gerichtshof	le palais de justice		
der Prokurator (— en)	le procureur	die Bürgschaft	la caution
der Advokat (— en)	l'avocat	die Vertheidigung	la défense
der Anwalt	l'avoué	die Verurtheilung	la condamnation
der Notar	le notaire	die Akte	l'acte
der Gerichtsschreiber	le greffier	die Gebühr	les frais, les honoraires
der Gerichtsdiener	l'huissier	die Einschreibegebühr	les droits d'enregistrement
der Kläger	le demandeur		
der Verklagte (— n)	le défendeur	die Schuld	la dette
der Zeuge (— n)	le témoin	die Strafe	la peine
der Lastungszeuge (— n)	le témoin à charge	die Geldstrafe	l'amende
der Entlastungszeuge (-n)	le témoin à décharge	die Gefängnißstrafe	la réclusion
der Steckbrief	le signalement	die Todesstrafe	la peine de mort
der Verhaftsbefehl	le mandat d'arrêt	die Hinrichtung	l'exécution (mort)
der Richterspruch	l'arrêt, la sentence	die Guillotine	la guillotine
der Scharfrichter	le bourreau	die Landesverweisung	l'exil
der Galgen (—)	le gibet	die Verbannung	la proscription

CLERGÉ ET JUSTICE

Sächliche Namen		Zeitwörter	
das Papstthum (s. pl.)	la papauté	wählen	choisir, élire
das Bisthum	l'évêché	weihen	consacrer
das Erzbisthum	l'archevêché	ordiniren	ordonner (un prêtre)
das Consistorium (—ien)	le consistoire	segnen	bénir
das Canonicat (—e)	le canonicat	das Gelübde ab-legen	faire les vœux
das Vikariat	le vicariat	ein-treten (a, e)	entrer (dans une communauté)
das Gelübde	le vœu		
das Kloster (¨)	le couvent	aus-treten (a, e)	sortir
das Frauenkloster (¨)	le couvent de femmes	läuten	sonner
das Männerkloster (¨)	le couvent d'hommes	richten	juger
das Gesetz (—e)	la loi	zum Sühnversuch vor-laden (u, a)	appeler en conciliation
das Gesetzbuch (¨er)	le code		
das Strafgesetzbuch (¨er)	le code pénal	sich versöhnen	se réconcilier
das Civilgesetzbuch (¨er)	le code civil	vergleichen (i, i)	mettre d'accord
das Gericht (—e)	le tribunal	verklagen	accuser, porter plainte
das Kreisgericht (—e)	le tribunal de première instance	fest-nehmen (a, o)	arrêter
das Zuchtpolizeigericht (-e)	la police correctionnelle	verhören	interroger
		zeugen	témoigner
das Appellationsgericht	la cour d'appel	schwören (o, o)	jurer
das Geschwornengericht	la cour d'assises	einen Eid leisten	prêter serment
das Criminalverfahren (-)	la procédure criminelle	aus-sagen	déposer
		vertheidigen	défendre
das Verhör (—e)	l'interrogatoire	entgegnen	répliquer
das Zeugniß (—e)	le témoignage	berathen (ie, a)	délibérer
das Urtheil (—e)	l'arrêt	frei-sprechen (a, o)	acquitter
das Gefängniß (—e)	la prison	verurtheilen	condamner
das Zellengefängniß (-e)	la prison cellulaire	züchtigen	châtier
das Zuchthaus	la maison de correction	ein-sperren	enfermer
		verhaften	emprisonner
das Galeerenhaus	le bagne	verbannen	bannir
das Schaffot (—e)	l'échafaud	foltern	torturer
das Messer	le couteau	hin-richten	exécuter
das Beil (—e)	la hache	köpfen	décapiter
das Seil (—e)	la corde	hangen	pendre

Administration und bürgerliche Gesellschaft

Männliche Namen		Weibliche Namen	
der Potentat	le potentat	die Nation	la nation
der Monarch (—en)	le monarque	die Behörde	l'autorité
der Kaiser	l'empereur	die Kaiserin (— nen)	l'impératrice
der König	le roi	die Königin (— nen)	la reine
der Fürst	le prince	die Fürstin (— nen)	la princesse
der Herzog (—e)	le duc	die Herzogin (— nen)	la duchesse
der Großherzog (—e)	le grand-duc	die Großherzogin (-nen)	la grande duchesse
der Graf (—en)	le comte	die Gräfin (—nen)	la comtesse
der Markgraf (— en)	le margrave	die Markgräfin (—nen)	la margrave
der Baron ou der Freiherr (—n)	le baron	die Baronin (—nen) ou die Freiherrin (— nen)	la baronne
der Vassal (—n)	le vassal	die Grafschaft	le comté
der Hof	la cour	die Krone	la couronne
der Höfling	le courtisan	die Hofdame	la courtisane
der Hofjunker	le page	die Regierung	le gouvernement
der Kammerherr (—n)	le chambellan	die Verwaltung	l'administration
der Gesetzgeber	le législateur	die Nationalversammlung	l'assemblée nationale
der Abgeordnete (— n)	le député	die Exekutivgewalt	le pouvoir exécutif
der Wahlmann (¨ er)	l'électeur	die gesetzgeberische Gewalt	le pouvoir législatif
der Staatsmann (¨ er)	l'homme d'État	die Aristokratie	l'aristocratie
der Staatsrath	le conseil d'État	die Demokratie	la démocratie
der Minister (—)	le ministre	die Monarchie	la monarchie
der Kanzler (—)	le chancelier	die Republik	la république
der Präfekt (—en)	le préfet	die Verfassung	la constitution
der Unterpräfekt (— en)	le sous-préfet	die Reaktionspartei	le parti réactionnaire
der Präfekturrath	le conseil de préfecture	die konservative Partei	le parti conservateur
		die liberale Partei	le parti libéral
der Statthalter (—)	le gouverneur	die Fortschrittspartei	le parti progressiste
der Bürgermeister (—)	le maire	die Präfektur	la préfecture
der Adjunkt	l'adjoint	die Polizei	la police
der Gemeinderath	le conseiller municipal	die Abgabe	l'impôt
der Staatsdiener	le fonctionnaire	die Grundsteuer	l'impôt foncier
der Bürger	le citoyen	die Einkommensteuer	l'impôt sur le revenu
der Unterthan (—en)	le sujet	die Gewerbesteuer	la patente
der Fremde (—n)	l'étranger	die Staatskasse	la caisse de l'État

ADMINISTRATION ET SOCIÉTÉ CIVILE

Sächliche Namen

das Volk	le peuple
das Kaiserreich (—e)	l'empire
das Königreich (—e)	le royaume
das Fürstenthum	la principauté
das Herzogthum	le duché
das Großherzogthum	le grand-duché
das Ministerium (—ien)	le ministère
das Herrenhaus	la chambre des seigneurs
das Abgeordnetenhaus	la chambre des députés
das Lehensrecht (—e)	le droit féodal
das Stimmrecht (—e) ou das Wahlrecht (—e)	le droit d'électeur
das Gesetz (—e)	la loi
das Zollamt	la douane
das Postamt	la poste
das Steueramt	le bureau du percepteur

Beiwörter

gesetzlich	légal
ungesetzlich	illégal
gerecht	juste
billig	équitable
königlich	royal
kaiserlich	impérial
bürgerlich	bourgeois
adelig	noble
ritterlich	chevaleresque
unumschränkt	absolu
verfassungsmäßig	constitutionnel
wählbar	éligible
erlaubt	permis
unerlaubt	défendu
frei	libre
leibeigen	serf
knechtisch	esclave
barbarisch	barbare

Zeitwörter

die Krone niederlegen	abdiquer la couronne
den Thron besteigen (ie, ie)	monter sur le trône
nach-folgen	succéder
voran-gehen (ging, gegangen)	précéder
krönen	couronner
salben	oindre
huldigen	rendre hommage
den Eid schwören (o, o)	prêter serment
herrschen	régner
regieren	gouverner
befehlen (a, o)	commander
residiren	résider
wählen	élire, choisir
zusammen-rufen (ie, u)	convoquer
vertagen	ajourner
auf-lösen	dissoudre
stimmen	voter
vor-schlagen (u, a)	proposer
besprechen (a, o)	discuter
an-nehmen (nahm, genommen)	accepter
verwerfen (a, o)	rejeter
Steuern zahlen	payer les impôts
ein-ziehen (zog, gezogen)	percevoir
besteuern	imposer les habitants
stempeln	timbrer
ein-schreiben (ie, ie)	enregistrer
versiegeln	cacheter, sceller
ein-führen	introduire, importer
aus-führen	exporter
verzollen	acquitter les droits de douane
den Empfangschein geben (a, e)	donner le récépissé
vor-zeigen	exhiber
erlauben	permettre
befreien	délivrer

Eigennamen von Personen

Männliche Namen		Weibliche Namen	
Albinus	Aubin	Adelheid	Adélaïde
Albrecht	Albert	Agatha	Agathe
Amadäus	Amédée	Amalia	Amélie
Ambrosius	Ambroise	Angelika	Angélique
Antonius	Antoine	Antonia	Antoinette
Armandus	Armand	Apollonia	Apolline
Arnold	Arnaud	Bärbel	Babet
Arnulf	Arnoud	Beatrix	Béatrice
Balderich	Baudri	Bertha	Berthe
Benedikt	Benoît	Caroline	Caroline
Bernhard	Bernard	Clara	Claire
Christian	Chrétien	Claudia	Claudine
Claudius	Claude	Cunigunde	Cunégonde
Claus	Colas	Dionysia	Denyse
Clemens	Clément	Dorothea	Dorothée
Desiderius	Didier	Eleonore	Léonore
Dietrich	Thierri	Elisabeth	Élisabeth
Dionys	Denys	Emilia	Émilie
Eberhard	Éverard	Eugenia	Eugénie
Edmund	Edmond	Eva	Ève
Elias	Élie	Franziska	Françoise
Ernst	Ernest	Friederika	Frédérique
Fabian	Fabien	Genovefa	Geneviève
Franz	François	Gertrud	Gertrude
Fritz	Frédéric	Grete	Marguerite
Georg	George	Hanne	Jeanne
Gerhard	Gérard	Helena	Hélène
Gottfried	Godefroi	Henrika	Henriette
Gotthard	Godard	Johanna	Jeanne
Gottlieb	Théophile	Julia	Julie
Gregor	Grégoire	Justina	Justine
Hans	Jean	Käthe	Catherine
Heinrich	Henri	Laura	Laure
Hermann	Germain	Lene	Magdeleine.

NOMS PROPRES DE PERSONNES

Männliche Namen		Weibliche Namen	
Hugo	Hugues	Lotte	Charlotte
Jakob	Jacques	Lukretia	Lucrèce
Johann	Jean	Lucia	Lucie
Julian	Julien	Ludovika	Louise
Karl	Charles	Magdalena	Magdeleine
Kunz	Conrad	Margaretha	Marguerite
Lamprecht	Lambert	Maria	Marie
Leo	Léon	Martha	Marthe
Leonhard	Léonard	Noemie	Noémie
Lorenz	Laurent	Oktavia	Octavie
Ludwig	Louis	Pauline	Pauline
Moritz	Maurice	Philippine	Philippine
Max	Maximilien	Rahel	Rachel
Moses	Moïse	Rebekka	Rebecca
Noah	Noé	Rosa	Rose
Peter	Pierre	Rosalia	Rosalie
Ralph	Raoul	Rosamunda	Rosemonde
Reinhard	Régnard	Rosina	Rosine
Reinhold	Regnaud	Salomea	Solome
Renatus	René	Sara	Sara
Rodrich	Rodrigue	Sophia	Sophie
Romanus	Romain	Stephania	Stéphanie
Rüdiger	Roger	Susanna	Suzanne
Ruprecht	Robert	Theodorine	Théodorine
Salomon	Salomon	Theresia	Thérèse
Sebastian	Sébastien	Thomasine	Thomasine
Siegfried	Sigefroi	Ulrike	Ulrique
Theobald	Thiebaud	Ursula	Ursule
Valerian	Valérien	Valentina	Valentine
Veit	Guy	Valeria	Valérie
Vinzenz	Vincent	Veronika	Véronique
Walther	Gauthier	Viktoria	Victoire
Werner	Guernard	Viktorine	Victorine
Wilhelm	Guillaume	Wilhelmine	Guillemette

Geographische Namen

Männliche Namen

der Franzose (—n)	le Français
der Deutsche (—n)	l'Allemand
der Preuße (—n)	le Prussien
der Russe (—n)	le Russe
der Schwede (—n)	le Suédois
der Grieche (—n)	le Grec
der Däne (—n)	le Danois
der Afrikaner (—)	l'Africain
der Amerikaner (—)	l'Américain
der Europäer (—)	l'Européen
der Spanier	l'Espagnol
der Engländer (—)	l'Anglais
der Schottländer	l'Écossais
der Holländer	le Hollandais
der Portugiese	le Portugais
der Tajo	le Tage
der Rhein	le Rhin
der Ebro	l'Èbre
der Neckar	le Necker
der Main	le Mein
der Lech	le Lech
der Nil	le Nil
der Ganges	le Gange
der Dnieper	le Dnieper
der Dniester	le Dniester
der Sund	le Sund
der Harz	le Hartz
der Kaukasus	le Caucase
der Chersonesus	la Chersonèse
der Archipelagus	l'Archipel
der Bodensee	le lac de Constance
der Wasgau	les Vosges
der Sundgau	le Sundgau
der Schwarzwald	la Forêt Noire
der Oberrhein	le Haut-Rhin
der Niederrhein	le Bas-Rhin.

Weibliche Namen

die Pfalz	le Palatinat
die Mark	la Marche
die Schweiz	la Suisse
die Krimm	la Crimée
die Waad	le pays de Vaud
die Moldau	la Moldavie
die Levante	le Levant
die Vogesen	les Vosges (montagnes)
die Normandie	la Normandie
die Barbarei	la Barbarie
die Tartarei	la Tartarie
die Walachei	la Valachie
die Lombardei	la Lombardie
die Türkei	la Turquie
die Maaß	la Meuse
die Sau	la Save
die Schelde	l'Escaut
die Weichsel	la Vistule
die Donau	le Danube
die Etsch	l'Adige
die Themse	la Tamise
die Weser	le Wéser
die Oder	l'Oder
die Elbe	l'Elbe
die Murthe	la Meurthe
die Mosel	la Moselle
die Tiber	le Tibre
die Rhone	le Rhône
die Eger	l'Ègre
die Seine	la Seine
die Alpen	les Alpes
die Anden	les Andes
die Apenninen	les Apennins
die Karpathen	les Carpathes
die Pyrenäen	les Pyrénées
die Dardanellen	les Dardanelles

NOMS GÉOGRAPHIQUES

Sächliche Namen

das Europa	l'Europe	Aachen	Aix-la-Chapelle
das Afrika	l'Afrique	Haag	la Haye
das Amerika	l'Amérique	Genf	Genève
das Asien	l'Asie	Gent	Gand
das Australien	l'Australie	Nizza	Nice
das Groß-Britannien	la Grande-Bretagne	Genua	Gênes
das Spanien	l'Espagne	Venedig	Venise
das Italien	l'Italie	Trient	Trente
das Castilien	la Castille	Köln	Cologne
das Candien	la Candie	Mainz	Mayence
das Gallien	les Gaules	Chur	Coire
das Gasconien	la Gascogne	Krakau	Cracovie
das Preußen	la Prusse	Kaschau	Cassovie
das Schweden	la Suède	Warschau	Varsovie
das Baiern	la Bavière	Moskau	Moscou
das Böhmen	la Bohême	Bergen	Mons
das Polen	la Pologne	Bisanz	Besançon
das Pommern	la Poméranie	Löwen	Louvain
das Schlesien	la Silésie	Mecheln	Malines
das Elsaß	l'Alsace	Kämmerich	Cambray
das Lothringen	la Lorraine	Brügge	Bruges
das Kärnthen	la Carinthie	Damaskus	Damas
das Mähren	la Moravie	Karthago	Carthage
das Hennegau	le Hainaut	Antwerpen	Anvers
das Thurgau	la Thurgovie	Brundrut	Porrentruy
das Graubünden	les Grisons	Markirch	Sainte-Marie-aux-Mines
das Siebenbürgen	la Transylvanie	Mailand	Milan
das Norwegen	la Norvége	Neuburg	Neufchâtel
das Steiermark	la Syrie	Dünkirchen	Dunkerque
das Dänemark	le Danemark	Regensburg	Ratisbonne
das Frankreich	la France	Herzogenbusch	Bois-le-Duc
das Oestreich	l'Autriche	Braunschweig	Brunswick
das England	l'Angleterre	Saargemünd	Sarreguemine
das Deutschland	l'Allemagne	Diedenhofen	Thionville
das Schottland	l'Écosse	Maurusmünster	Noirmoutier
das Rußland	la Russie	Mümpelgard	Montbéliard

NOTE

SUR

LES EXERCICES QUI VONT SUIVRE

La connaissance du genre, avons-nous dit au début de ce livre, est la condition absolue de la pratique de l'allemand. Nous avons ajouté que dans l'application de chaque règle on retrouvera la même difficulté.

Afin de rendre cette vérité évidente et d'habituer graduellement l'élève à manier le genre allemand, nous faisons suivre le Vocabulaire de quelques pages d'Exercices. On y trouvera les noms associés tour à tour aux diverses espèces de déterminatifs, c'est-à-dire aux articles d'abord, puis à leurs analogues (comme les démonstratifs et les possessifs) et aux épithètes ou participes. Ainsi aura-t-on passé en revue la moitié de la grammaire, à savoir toutes les formes déclinables.

EXERCICES

SUR

LES DIVERSES APPLICATIONS DU GENRE

DANS LA GRAMMAIRE ALLEMANDE

I

Haben Sie	Avez-vous
einen Griffel?	un crayon d'ardoise?
eine Gänsefeder?	une plume d'oie?
ein Lineal?	une règle?
Ja, ich habe	Oui, j'ai
einen Griffel,	un crayon d'ardoise,
eine Gänsefeder,	une plume d'oie,
ein Lineal.	une règle.
Haben Sie auch	Avez-vous aussi
einen Sack?	un sac?
eine Mappe?	une serviette?
ein Wörterbuch?	un dictionnaire?
und Stahlfedern?	et des plumes d'acier?
Nein, ich habe	Non, je n'ai pas
keinen Sack,	de sac,
keine Mappe,	de serviette,
kein Wörterbuch,	de dictionnaire,
keine Stahlfedern.	de plumes d'acier.
Wo ist	Où est
mein Hut?	mon chapeau?
meine Mütze?	mon bonnet?
mein Käppchen?	ma calotte?
Sie sind auf	Ils sont sur
diesem Tisch,	cette table,
dieser Bank,	ce banc,
diesem Pult.	ce pupitre.

Was suchen Sie? | Que cherchez-vous?
Ich suche | Je cherche
    den Regenschirm meines Vetters, | le parapluie de mon cousin,
    die Brille meines Vaters, | les lunettes de mon père,
    das Messer meines Bruders, | le couteau de mon frère,
    die Bücher meines Freundes. | les livres de mon ami.
Was haben Sie verloren? | Qu'avez-vous perdu?
Ich habe | J'ai perdu
    den Fingerhut meiner Base, | le dé de ma cousine,
    die Nadel meiner Mutter, | l'aiguille de ma mère,
    das Papiermesser meiner Schwester, | le couteau à papier de ma sœur,
    die Stricknadeln meiner Tante verloren. | les aiguilles à tricoter de ma tante.
Wem haben Sie | A qui avez-vous vendu
    Ihren Garten, | votre jardin,
    Ihre Scheune, | votre grange,
    Ihr Haus, | votre maison,
    Ihre Reben verkauft? | vos vignes?
Wir haben | Nous avons vendu
    unsern Garten Ihrem Onkel, | notre jardin à votre oncle,
    unsere Scheune Ihrem Pathen, | notre grange à votre parrain,
    unser Haus Ihrem Freunde, | notre maison à votre ami,
    unsere Reben ihrem Nachbar verkauft. | nos vignes à votre voisin.
Wem gehört | A qui appartient
    dieser Fingerring? | cette bague?
    diese Haarnadel? | cette épingle à cheveux?
    dieses Halsband? | ce collier?
Wem gehören diese Knöpfe? | A qui appartiennent ces boutons?
Dieser Fingerring gehört Ihrer Tante. | Cette bague appartient à votre tante.
Diese Haarnadel gehört Ihrer Pathin. | Cette épingle à cheveux appartient à votre marraine.
Dieses Halsband gehört Ihrer Freundin. | Ce collier appartient à votre amie.
Diese Knöpfe gehören Ihrer Nachbarin. | Ces boutons appartiennent à votre voisine.
Mit was macht man | Avec quoi fait-on
    den Tisch, den Teller, den Wein? | la table, l'assiette, le vin?
    die Scheibe, die Gabel, die Pastete? | la vitre, la fourchette, le pâté?
    das Buch, das Messer, das Bier? | le livre, le couteau, la bière?
Was macht | Que fait
    der Schneider, der Bäcker, der Schuster? | le tailleur, le boulanger, le cordonnier?
    die Nätherin, die Wäscherin, die Büglerin? | la couturière, la blanchisseuse, la repasseuse?
Mit was macht | Avec quoi
    der Bäcker den Teig? | le boulanger fait-il la pâte?

der Schneider die Hose?   le tailleur fait-il le pantalon?
die Nätherin das Hemd?   la couturière fait-elle la chemise?
Der Schneider macht die Hose mit   Le tailleur fait le pantalon avec
    dem Faden,   le fil,
    der Nähmaschine,   la machine à coudre,
    dem Tuche,   le drap,
    den Nadeln.   les aiguilles.
Der Schuster macht die Schuhe   Le cordonnier fait les souliers avec
    mit einem Leisten,   une forme,
    mit einer Ale   une alène,
    und mit Leder.   et du cuir.
Ist Ihr Vater ein Bäcker?   Votre père est-il boulanger?
Ihre Mutter Nätherin?   Votre mère est-elle couturière?
Nein, mein Vater ist kein Bäcker,   Non, mon père n'est pas boulanger,
    meine Mutter ist keine Nätherin.   ma mère n'est pas couturière.
Haben Sie   Avez-vous
    einen Onkel, der ein Bäcker ist?   un oncle qui soit boulanger?
    eine Tante, die eine Nätherin ist?   une tante qui soit couturière?
Nennt Dinge, die aus Holz, — aus Eisen, — aus Stahl, — aus Leder, — aus Leinwand, — aus Tuch, — aus Stein gemacht sind.   Nommez des choses qui sont faites de bois — de fer — d'acier — de cuir — de toile — de drap — de pierre.
Dinge die aus Holz gemacht sind, sind: Des choses qui sont faites de bois sont :
    der Tisch, der Stuhl, der Holzschuh,   la table, la chaise, le sabot,
    die Bank, die Kommode, die Thür,   le banc, la commode, la porte,
    das Lineal, das Pult, das Faß.   la règle, le pupitre, le tonneau.

II

Waren Sie   Étiez-vous
    in dem Hofe?   dans la cour?
    in der Scheune?   dans la grange?
    in dem Hause?   dans la maison?
    in den Ställen?   dans les étables?
Wie ist das Haus?   Comment est la maison?
Das Haus ist   La maison est
    alt, neu, groß,   vieille, neuve, grande,
    klein, hoch.   petite, haute.
Was ist in dem Hause?   Qu'y a-t-il dans la maison?
In dem Hause ist   Dans la maison il y a
    ein Keller,   une cave,

eine Küche,	une cuisine,
ein Wohnzimmer.	une chambre d'habitation.
Was ist	Qu'y a-t-il
in dem Keller?	dans la cave?
in der Küche?	dans la cuisine?
in dem Wohnzimmer?	dans la chambre d'habitation?
In dem Wohnzimmer ist	Dans la chambre d'habitation est
ein schöner Schrank,	une belle armoire,
eine schöne Kommode,	une belle commode,
ein schönes Kanapee	un beau canapé,
und schöne Stühle.	de belles chaises.
Was sieht man in dem Eßsaal?	Que voit-on dans la salle à manger?
In dem Eßsaal sieht man	Dans la salle à manger on voit
einen großen Tisch,	une grande table,
eine große Lampe,	une grande lampe,
ein großes Büffet.	un grand buffet.
Was thut man	Que met-on
in den Schrank?	dans l'armoire?
in die Kommode?	dans la commode?
in das Büffet?	dans le buffet?
In das Büffet thut man	Dans le buffet on met
tiefe und flache Teller,	des assiettes profondes et plates,
große und kleine Schüsseln	de grands et de petits plats
und viele andere Gefäße.	et beaucoup d'autres vases.
Decken Sie den runden Tisch.	Mettez la table ronde.
Haben Sie	Avez-vous
porzellanene Teller,	des assiettes de porcelaine,
silberne Gabeln,	des fourchettes d'argent,
und kristallene Gläser?	et des verres de cristal?
Ja, sie sind in dem Büffet.	Oui, ils sont dans le buffet.
Was wollen Sie essen?	Que voulez-vous manger?
Nehmen Sie	Prenez-vous
kalten Braten mit gelbem Salat?	du rôti froid avec de la salade jaune?
gebeizte Zunge mit warmer Brühe?	de la langue marinée avec de la sauce chaude?
frisches Gebäck mit eingemachtem Obst?	de la pâtisserie fraîche avec des fruits confits?
rothe Bohnen oder grüne Erbsen?	des haricots rouges ou des pois verts?
Ich esse lieber	J'aime mieux
geräucherten Schinken mit gutem Senf,	du jambon fumé avec de la bonne moutarde,
gebackene Sole mit frischer Citrone,	de la sole frite avec du citron frais,

grünes Gemüse mit gebratenem Kalbfleisch, eingemachte Pflaumen mit frischen Makronen.

Trinken Sie
    rothen Wein,
    gute Limonade
    oder frisches Bier?
Haben Sie schon
    gebackene Karpfen,
    gefüllte Kalbsbrust,
    gebratenes Rindfleisch,
    weichgesottene Eier gegessen?
Ja, ich habe schon weich und hart gesottene Eier gegessen.
Haben Sie auch schon
    schwarzen Kaffee,
    warme Milch
    und englisches Bier getrunken?
Nein, ich habe nie kein englisches Bier getrunken.
Ich trinke lieber Wein als Bier.
Ich trinke lieber rothen Wein als weißen.
Ich esse lieber fette Suppe als magere.

Ich trinke lieber elsässisches Bier als englisches.

Ich esse lieber rothe Kirschen als schwarze.

Ich lese lieber französische Bücher als deutsche.

Ich schreibe lieber deutsche Briefe als englische.

Ich trage lieber schwarze Kleider als weiße.

Was essen Sie lieber?

Was trinken Sie lieber?

Was lesen Sie lieber?

Was macht man
    mit fettem Specke, mit sauerm Weine,
    mit frischer Butter, mit gestockter Milch,

des légumes verts avec du veau rôti,
des prunes confites avec des macarons frais.
Buvez-vous
    du vin rouge,
    de la bonne limonade
    ou de la bière fraîche?
Avez-vous déjà mangé
    de la carpe frite,
    de la poitrine de veau farcie,
    du bœuf rôti,
    des œufs à la coque?
Oui, j'ai déjà mangé des œufs à la coque et des œufs durs.
Avez-vous aussi déjà bu
    du café noir,
    du lait chaud
    et bu de la bière anglaise?
Non, je n'ai jamais bu de bière anglaise.
J'aime mieux le vin que la bière.
J'aime mieux du vin rouge que du vin blanc.
J'aime mieux de la soupe grasse que de la soupe maigre.
J'aime mieux de la bière d'Alsace que de la bière anglaise.
J'aime mieux des cerises rouges que des cerises noires.
J'aime mieux lire des livres français que des livres allemands.
J'aime mieux écrire des lettres allemandes que des lettres anglaises.
J'aime mieux porter des vêtements noirs que des vêtements blancs.
Qu'aimez-vous mieux manger? (Que mangez-vous plus volontiers?)
Qu'aimez-vous mieux boire? (Que buvez-vous plus volontiers?)
Qu'aimez-vous mieux lire? (Que lisez-vous plus volontiers?)
Que fait-on avec
    du lard gras, du vin aigre,
    du beurre frais, du lait caillé,

mit dürrem Holze, mit warmem Wasser,
mit reifen Trauben, mit grünen Nüssen?
Mit gutem Wein macht man guten Essig.
Mit schlechter Milch macht man schlechte Butter.

Mit weißem Mehl macht man weißes Brod.

Mit sauern Trauben macht man sauern Wein.
Nennen Sie mir eßbare Dinge oder Speisen.

Nennen Sie mir trinkbare Dinge oder Getränke.

Eßbare Dinge sind:
    der Kohl, der Spinat, der Kerbel,
    die Zwiebel, die Schalotte, die Kartoffel,
    das Fleisch, das Gemüse, das Geflügel,
    die Kirschen, die Aepfel, die Birnen.
Nennen Sie mir schwarze, weiße, rothe, gelbe,
blaue, grüne, graue, braune, runde, lange
Dinge.
Nennen Sie mir Dinge, die einen süßen, sauern,
bittern, salzigen Geschmack haben.

du bois sec, de l'eau chaude,
des raisins mûrs, des noix vertes?
Avec de bon vin on fait de bon vinaigre.
Avec du mauvais lait on fait du mauvais
beurre.
Avec de la farine blanche on fait du pain
blanc.
Avec des raisins aigres on fait du vin aigre.
Nommez-moi des choses mangeables ou des
aliments.
Nommez-moi des choses buvables ou des
boissons.
Des choses mangeables sont :
    le chou, les épinards, le cerfeuil,
    l'oignon, l'échalote, la pomme de terre,
    la viande, les légumes, la volaille,
    les cerises, les pommes, les poires.
Nommez-moi des choses noires — blanches
— rouges — jaunes — bleues — vertes
— grises — brunes — rondes — longues.
Nommez-moi des choses qui ont un goût
doux — aigre — amer — salé.

III

Welches sind die verschiedenen Theile des mensch-
lichen Körpers?
Die verschiedenen Theile des menschlichen Kör-
pers sind:
    der Kopf, der Hals, der Arm, die Finger,
    die Stirn, die Brust, die Hand, die Zehen,

    das Ohr, das Kinn, das Bein, die Haare.

Sie haben
    einen runden Kopf, einen langen Hals,
    eine hohe Stirn, eine breite Brust,
    ein spitzes Kinn, ein schwarzes Auge,
    rothe Wangen, blonde Haare.

Quelles sont les différentes parties du corps
humain?
Les différentes parties du corps humain
sont :
    la tête, le cou, le bras, les doigts,
    le front, la poitrine, la main, les doigts
du pied,
    l'oreille, le menton, la jambe, les che-
veux.
Vous avez
    une tête ronde, un cou long,
    un front haut, une large poitrine,
    un menton pointu, un œil noir,
    des joues rouges, des cheveux blonds.

Zeigen Sie mir | Montrez-moi
Ihren rechten Fuß, | votre pied droit,
Ihre linke Hand, | votre main gauche,
Ihr rechtes Ohr. | votre oreille droite.
Hier ist | Voici
mein rechter Fuß, | mon pied droit,
meine linke Hand, | ma main gauche,
mein rechtes Ohr. | mon oreille droite.
Jeder gesunde Mensch hat | Chaque homme bien portant a
einen rechten und einen linken Fuß, | un pied droit et un pied gauche,
eine rechte und eine linke Schulter, | une épaule droite et une épaule gauche,
ein rechtes und ein linkes Auge. | un œil droit et un œil gauche.
Ein Mensch | Un homme
der nicht sieht, heißt ein Blinder, | qui ne voit pas, s'appelle un aveugle.
der nicht hört, heißt ein Tauber, | qui n'entend pas, s'appelle un sourd.
der nicht spricht, heißt ein Stummer. | qui ne parle pas, s'appelle un muet.
Wie nennt man | Comment appelle-t-on
einen Mann, der nicht sieht? | un homme qui ne voit pas?
eine Frau, die nicht hört? | une femme qui n'entend pas?
ein Kind, das nicht spricht? | un enfant qui ne parle pas?
Menschen, die nicht hören und nicht sprechen? | des hommes qui n'entendent ni ne parlent?
Man nennt einen Menschen, der nicht hört und nicht reden kann einen Taubstummen. | On appelle un homme qui n'entend rien et qui ne peut pas parler un sourd-muet.
Ein blinder, tauber oder stummer Mensch ist ein sehr unglücklicher Mensch. | Un homme aveugle, sourd ou muet, est un homme très-malheureux.
Der Zustand eines blinden, tauben oder stummen Menschen ist ein sehr trauriger Zustand. | La position d'un homme aveugle, sourd ou muet, est une bien triste position.
Wer einem blinden, tauben oder stummen Menschen Gutes thut, ist ein schätzbarer Mensch. | Quiconque fait du bien à un homme aveugle, sourd ou muet, est un homme estimable.
Wer einen blinden, tauben oder stummen Menschen beleidigt, ist ein verächtlicher Mensch. | Quiconque offense un homme aveugle, sourd ou muet, est un homme méprisable.
Gutherzige Leute haben mit den blinden, tauben oder stummen Menschen Mitleiden. | Des gens charitables ont pitié des hommes aveugles, sourds ou muets.
Welches sind die hauptsächlichsten Kleidungsstücke | Quels sont les principaux vêtements
eines erwachsenen Mannes? | d'un homme adulte?
einer jungen Frau? | d'une jeune femme?
eines kleinen Kindes? | d'un petit enfant?
Haben Sie | Avez-vous
einen grauen Hut? | un chapeau gris?
eine schwarze Hose? | un pantalon noir?
ein weißes Hemd? | une chemise blanche?
rothe Strümpfe? | des bas rouges?

DIVERSES APPLICATIONS DU GENRE

Was haben Sie?	Qu'avez-vous?
Die Krempe Ihres grauen Hutes ist zu breit.	Le bord de votre chapeau gris est trop large.
Das Tuch Ihrer schwarzen Hose ist zu grob.	Le drap de votre pantalon noir est trop grossier.
Die Leinwand Ihres weißen Hemdes ist sehr fein.	La toile de votre chemise blanche est très fine.
Die Wolle Ihrer rothen Strümpfe ist stark.	La laine de vos bas rouges est forte.
Wie ist die Krempe Ihres grauen Hutes?	Comment est le bord de votre chapeau gris?
Welches ist der Preis	Quel est le prix
deines braunen Mantels,	de ton manteau brun,
deines ledernen Sackes,	de ton sac de cuir,
deiner goldenen Uhr,	de ta montre en or,
deiner zweiläufigen Flinte,	de ton fusil à deux coups,
deines kupfernen Tintenfasses,	de ton encrier en cuivre,
deines englischen Wörterbuches,	de ton dictionnaire anglais,
deiner seidenen Handschuhe,	de tes gants de soie,
deiner baumwollenen Strümpfe?	de tes bas de coton?
Der Preis meines braunen Mantels ist hundert fünf und zwanzig Franken.	Le prix de mon manteau brun est de cent vingt-cinq francs.
Mein brauner Mantel kostet 125 Franken.	Mon manteau coûte 125 fr.
Meine goldene Uhr kostet...	Ma montre en or coûte...
Mein englisches Wörterbuch kostet...	Mon dictionnaire anglais coûte...
Meine seidenen Handschuhe kosten...	Mes gants de soie coûtent...
Was macht der Metzger, der Bäcker, der Müller, der Schneider, der Schuster, der Schreiner, der Schlosser, der Schmied, der Sattler, der Maurer, der Wagner, der Gärtner, die Näherin, die Wäscherin, die Büglerin?	Que fait le boucher — le boulanger — le meunier — le tailleur — le cordonnier — le menuisier — le serrurier — le forgeron — le sellier — le maçon — le charron — le jardinier — la couturière — la blanchisseuse — la repasseuse?
Dieser ehrliche Bäcker ist sehr krank.	Cet honnête boulanger est très-malade.
Dieser alte Schlosser arbeitet noch gut.	Ce vieux serrurier travaille encore bien.
Diese arme Näherin hat keine Arbeit.	Cette pauvre couturière n'a pas de travail.
Diese arbeitsame Büglerin verdient viel Geld.	Cette laborieuse repasseuse gagne beaucoup d'argent.
Dieses kleine Mädchen lernt gut.	Cette petite fille apprend bien.
Dieses fleißige Kind ist auch sehr höflich.	Cet enfant appliqué est aussi très-poli.
Was ist dieser ehrliche Bäcker?	Qu'est cet honnête boulanger?
Wer arbeitet noch gut?	Qui travaille encore bien?
Wer kennt den Werth	Qui est-ce qui connaît la valeur
dieses goldenen Ringes, dieses sammtnen Kragens,	de cette bague d'or, de ce collet de velours,
dieser tuchenen Hose, dieser silbernen Kette,	de ce pantalon de drap, de cette chaîne d'argent,

dieses wollenen Kleides, dieses blauen Tuches, | de cette robe de laine, de ce drap bleu,
dieser gelben Knöpfe, dieser feinen Taschentücher? | de ces boutons jaunes, de ces mouchoirs fins?
Dieser goldene Ring ist fünfzig Franken werth. | Cette bague d'or vaut cinquante francs.
Was macht man mit | Que fait-on avec
   diesem goldenen Schlüssel, | cette clef en or,
   diesem schwarzen Sammet, | ce velours noir,
   dieser feinen Nadel, | cette aiguille fine,
   dieser blechenen Gießkanne, | cet arrosoir en fer-blanc,
   diesem grünen Tuche, | ce drap vert,
   diesem langen Seile, | cette longue corde,
   diesen reifen Trauben, | ces raisins mûrs,
   diesen harten Steinen? | ces pierres dures,
Mit diesem goldenen Schlüssel zieht man die Uhr auf. | Avec cette clef en or on remonte la montre.
Wo haben Sie | Où avez-vous acheté
   diesen viereckigen Tisch, | cette table carrée,
   diesen vierrädrigen Wagen, | cette voiture à quatre roues,
   diese kleine Säge, | cette petite scie,
   diese hohe Leiter, | cette haute échelle,
   dieses feuchte Heu, | ce foin humide,
   dieses kurze Stroh, | cette courte paille,
   diese frischen Eier, | ces œufs frais,
   diese jungen Gänse gekauft? | ces jeunes oies?
Diesen viereckigen Tisch habe ich bei dem Schreiner gekauft. | J'ai acheté cette table carrée chez le menuisier.
Diesen vierrädrigen Wagen habe ich bei dem Wagner gekauft. | J'ai acheté cette voiture à quatre roues chez le charron.

. . . .

IV

Welches sind die bekanntesten Hausthiere unserer Gegend? | Quels sont les animaux domestiques les plus connus de notre contrée?
Die bekanntesten Hausthiere unserer Gegend sind: | Les animaux domestiques les plus connus de notre contrée sont:
   der Ochs, der Esel, der Hund, | le bœuf, l'âne, le chien,
   die Kuh, die Ziege, die Katze, | la vache, la chèvre, le chat,
   das Pferd, das Schaf, das Schwein, | le cheval, la brebis, le cochon,
   die Hühner, die Gänse, die Enten. | les poules, les oies, les canards.
Der Ochs ist größer als der Esel. | Le bœuf est plus grand que l'âne.
Die Kuh ist nützlicher als die Katze. | La vache est plus utile que le chat.

DIVERSES APPLICATIONS DU GENRE

Das Schaf ist kleiner als das Pferd.
Die Ratten sind schädlicher als die Katzen.
Wer ist größer, nützlicher, treuer, schädlicher, stärker, schwächer als die Katze?

Dieses ist
    besserer Hafer als meiner,
    schönerer Klee als deiner,
    theuerere Gerste als seine,
    wohlfeilere Kleie als unsere,
    dürreres Heu als meines,
    längeres Stroh als deines.

Dieses sind
    ältere Pferde als unsere,
    stärkere Ochsen als euere,
    jüngere Kühe als ihre.

Was ist dieses?

Man machte
    mit stärkerem Wein saureren Essig,
    mit saurerem Essig besseren Salat,
    mit besserer Milch schönere Sahne,
    mit schönerer Sahne bessere Butter,
    mit gröberem Gras schlechteres Heu,
    mit schlechterem Korn schwärzeres Mehl,
    mit härteren Steinen dauerhaftere Häuser,
    mit fleißigeren Schülern gelehrtere Bürger.

Was machte man
    mit härterem Stahl,
    mit feinerem Faden,
    mit weißerer Wolle,
    mit schwärzerer Tinte,
    mit trockenerem Holz,
    mit dickerem Leder,
    mit reiferen Trauben,
    mit größeren Netzen?

La brebis est plus petite que le cheval.
Les rats sont plus nuisibles que les chats.
Qui est-ce qui est plus grand — plus utile — plus nuisible, — plus fidèle — plus fort — plus faible que le chat?

C'est
    de meilleur avoine que la mienne,
    de plus beau trèfle que le tien,
    de l'orge plus chère que la sienne,
    du son meilleur marché que le nôtre,
    du foin plus sec que le mien,
    de la paille plus longue que la tienne,

Ce sont
    de plus vieux chevaux que les nôtres,
    de plus forts bœufs que les vôtres,
    de plus jeunes vaches que les leurs,

Qu'est-ce que cela?

On ferait
    avec du vin plus fort du vinaigre plus aigre,
    avec du vinaigre plus aigre de meilleure salade,
    avec de meilleur lait de la plus belle crème,
    avec de la plus belle crème, de meilleur beurre,
    avec de l'herbe plus grossière, du foin plus mauvais,
    avec du blé plus mauvais, de la farine plus noire,
    avec des pierres plus dures, des maisons plus durables,
    avec des élèves plus appliqués, des citoyens plus instruits.

Que ferait-on avec
    de l'acier plus dur,
    du fil plus fin,
    de la laine plus blanche,
    de l'encre plus noire,
    du bois plus sec,
    du cuir plus épais,
    des raisins plus mûrs,
    des filets plus grands?

Es ist hier
  kein treuerer Hund als der meinige,
  keine schönere Kuh als die deinige,
  kein fetteres Schwein als das seinige,
  keine scheueren Pferde als die unsrigen.
Ich wollte
  einen stärkeren Esel als der eurige,
  eine ältere Stute als die ihrige,
  ein wohlfeileres Füllen als das Ihrige,
  lüftigere Ställe als die deinigen.
Was wollten Sie?
Mit einem leichteren Wagen könnte ich schneller fahren.
Mit einer längeren Flinte könnte ich besser schießen.
In einem kleineren Zimmer hätte er wärmer.

Auf höheren Bergen wäre es kälter.

Was könnten Sie machen
  mit einem leichteren Wagen,
  mit einem besseren Hunde,
  mit einer längeren Flinte,
  mit einer größeren Schere,
  mit einem schärferen Messer,
  mit einem jüngeren Pferde?
Ich lese lieber
  die Gedichte eines berühmteren Schriftstellers,
  die Geschichte einer größeren Nation,
  die Beschreibung eines malerischeren Landes,
  das Leben bekannterer Helden.
Was lesen Sie lieber?
Der geradeste Weg ist der beste.
Der schönste Vogel unserer Gegend ist der Pfau.

Die einfachste Nahrung ist die gesundeste.
Die größte Stadt Frankreichs ist Paris.
Das schwächste Thier ist auch das furchtsamste.

Das nützlichste Metall ist das Eisen.
Die reichsten Menschen sind nicht immer die glücklichsten.

Il n'y a pas ici
  un chien plus fidèle que le mien,
  une vache plus belle que la tienne,
  un porc plus gras que le sien,
  de chevaux plus ombrageux que les nôtres.
Je voudrais
  un âne plus fort que le vôtre,
  une jument plus vieille que la leur,
  un poulain meilleur marché que le vôtre,
  des étables plus aérées que les tiennes.
Que voudriez-vous?
Avec une voiture plus légère, je pourrais aller plus vite.
Avec un fusil plus long, je pourrais mieux tirer.
Dans une plus petite chambre, il aurait plus chaud.
Sur des montagnes plus élevées, il ferait plus froid.
Que pourriez-vous faire
  avec une voiture plus légère,
  avec un meilleur chien,
  avec un fusil plus long,
  avec un de plus grand ciseaux,
  avec un couteau plus tranchant,
  avec un plus jeune cheval.
J'aime mieux lire
  les poésies d'un auteur plus célèbre,
  l'histoire d'une plus grande nation,
  la description d'un pays plus pittoresque,
  la vie de héros plus connus.
Qu'aimez-vous mieux lire?
Le chemin le plus droit est le meilleur.
Le plus bel oiseau de notre contrée, c'est le paon.
L'aliment le plus simple est le plus sain.
La plus grande ville de France, c'est Paris.
L'animal le plus faible est aussi le plus timide.
Le plus utile métal, c'est le fer.
Les hommes les plus riches ne sont pas toujours les plus heureux.

Die kürzesten Irrthümer sind die besten.

Welches ist der schönste Vogel, das kostbarste Metall, das treueste Thier, der gefräßigste Fisch, die volkreichste Stadt?

Kennen Sie den Namen
   des höchsten Berges der Schweiz,
   des kostbarsten Steines,
   der volkreichsten Stadt Englands,
   der bekanntesten Wüste Afrikas,
   des treuesten Thieres unserer Gegend,
   des ausgedehntesten Landes Europas,
   der berühmtesten Dichter Deutschlands,

   der größten Flüsse Frankreichs?
Der Name
   des kostbarsten Steines ist der Diamant,

   der volkreichsten Stadt Englands ist London,

   des ausgedehntesten Landes Europas ist Rußland.
Die Namen der größten Flüsse Frankreichs sind.

Auf dem höchsten Berg ist am meisten Schnee.

Mit der feinsten Leinwand macht man die schönsten Hemden.
Mit dem stärksten Tuche macht man die dauerhaftesten Kleider.
In den glänzendsten Palästen sind oft die unglücklichsten Menschen.
Was ist auf den höchsten Bergen, in den tiefsten Wäldern, in den größten Städten, unter den reichsten Menschen?

In diesem Laden findet man
   den sauersten Essig,
   den härtesten Zucker,
   die feinste Seife,
   die wohlfeilste Butter,

Les plus courtes erreurs sont les meilleures.

Quel est le plus bel oiseau — le métal le plus précieux — l'animal le plus fidèle — le poisson le plus vorace — la ville la plus populeuse?
Connaissez-vous le nom
   de la plus haute montagne de la Suisse,
   de la pierre la plus précieuse,
   de la ville la plus populeuse d'Angleterre,
   du désert le plus connu de l'Afrique,
   de l'animal le plus fidèle de notre contrée,
   du pays le plus étendu de l'Europe,
   des poëtes les plus célèbres de l'Allemagne,
   des plus grands fleuves de la France?
Le nom
   de la pierre la plus précieuse est le diamant,
   de la ville la plus populeuse d'Angleterre est Londres.
   du pays le plus étendu de l'Europe est la Russie.
Les noms des plus grands fleuves de France sont.

Sur la plus haute montagne il y a le plus de neige.
Avec la toile la plus fine on fait les plus belles chemises.
Avec le drap le plus fort on fait les habits les plus durables.
Dans les palais les plus brillants, il y a souvent les hommes les plus malheureux.
Qu'y a-t-il sur les plus hautes montagnes — dans les forêts les plus profondes — dans les plus grandes villes — parmi les hommes les plus riches?
Dans ce magasin on trouve
   le vinaigre le plus aigre,
   le sucre le plus dur,
   le savon le plus fin,
   le beurre le meilleur marché,

das weißeste Mehl,   la farine la plus blanche,
das beste Salz,   le meilleur sel,
die größten Citronen,   les plus grands citrons,
die stärksten Nadeln.   les aiguilles les plus fortes.

Was findet man bei diesem Schuhmacher, diesem Hutmacher, diesem Uhrmacher, diesem Schreiner, diesem Müller, diesem Bäcker, diesem Metzger, diesem Spezereihändler, diesem Buchhändler?

Que trouve-t-on chez ce cordonnier — ce chapelier — cet horloger — ce menuisier — ce boulanger — ce boucher — cet épicier — ce libraire?

V

Hier ist   Voici
   frisch gemahlener Kaffee,   du café fraîchement moulu,
   gestern gebratener Hase,   du lièvre rôti hier,
   heute gefangener Fisch,   du poisson pris aujourd'hui,
   gut gewobene Leinwand,   de la toile bien tissée,
   fein gesponnene Seide,   de la soie fine (filée finement),
   rein gewaschene Wäsche,   du linge proprement lavé,
   alt gebackenes Brod,   du pain rassis (cuit depuis longtemps),
   sehr gesalzenes Fleisch,   de la viande bien salée,
   schlecht gekochtes Gemüse.   des légumes mal cuits.
Da sind   Voilà
   frisch gepflückte Rosen,   des roses fraîchement cueillies,
   weich gesottene Eier,   des œufs à la coque (cuits mollement),
   gut geschriebene Briefe.   des lettres bien écrites.

Er ist ein mit Geschäften überladener Mensch.   C'est un homme surchargé d'affaires.
Dieser dem Trunke ergebene Mensch ist zu bedauern.   Cet homme adonné à la boisson est à plaindre.
Die vergangene Zeit kommt nicht wieder.   Le temps passé ne revient plus.
Unsere zu früh angegriffene Armee vertheidigte sich tapfer.   Notre armée, attaquée trop tôt, se défendit bravement.
Dieses neu gebaute Haus ist noch nicht bewohnbar.   Cette maison nouvellement construite n'est pas encore habitable.
Mein kleiner Neffe ist ein verzogenes Kind.   Mon petit neveu est un enfant gâté.
Alle unsere schon beschnittenen Reben sind verfroren.   Toutes nos vignes déjà taillées sont gelées.
Diese aus ihrem Lande vertriebenen Menschen sind sehr unglücklich.   Ces hommes chassés de leur pays sont très-malheureux.
Was ist dieser Mensch, diese Armee, dieses Haus, dieses Kind?   Qu'est cet homme — cette armée — cette maison — cet enfant?
Ich kenne diesen von Stolz aufgeblasenen Menschen.   Je connais cet homme gonflé d'orgueil.

Wir haben einen sehr ausgelassenen Nachbar.	Nous avons un voisin bien dissolu.
Sie haben einen erfahrenen Lehrer.	Vous avez un professeur expérimenté.
Er schreibt mit einer gut geschnittenen Feder.	Il écrit avec une plume bien taillée.
Sie hat sich mit ihrer frisch geschliffenen Schere geschnitten.	Elle s'est coupée avec ses ciseaux fraîchement repassés.
Er kann mit seiner eingeschlafenen Hand nicht schreiben.	Il ne peut pas écrire avec sa main engourdie.
Wen kennen Sie?	Qui connaissez-vous?
Sagen Sie mir den Preis dieses mit Gold beschlagenen Buches.	Dites-moi le prix de ce livre ferré d'or.
Ich kenne den Eigenthümer dieses verlassenen Schlosses.	Je connais le propriétaire de ce château abandonné.
Ich habe die Trümmer dieses seit einem Jahre eingefallenen Hauses gekauft.	J'ai acheté les décombres de cette maison écroulée depuis un an.
Wem haben Sie Ihre herabgefallenen Aepfel verkauft?	A qui avez-vous vendu vos pommes tombées?
Sehen Sie diese angekommenen Fremden?	Voyez-vous ces étrangers qui sont arrivés?
Es sind Einwohner unserer in dem letzten Kriege verlorenen Provinzen.	Ce sont des habitants de nos provinces perdues dans la dernière guerre.
Auf diesen so selten bestiegenen Bergen hat man eine schöne Aussicht.	Sur ces montagnes si rarement gravies, on a une belle vue.
Was haben Sie gekauft? Wo hat man eine schöne Aussicht?	Qu'avez-vous acheté? — Où a-t-on une belle vue?
Ich will	Je veux
einen abgetrageneren Rock anziehen,	mettre un habit plus usé,
einen verborgeneren Ort suchen,	chercher un lieu plus caché,
eine erfahrenere Lehrerin kommen lassen,	faire venir une institutrice plus expérimentée,
eine gedrängtere Auflage drucken lassen,	faire imprimer une édition plus serrée,
ein gelungeneres Gemälde kaufen,	acheter une peinture mieux réussie,
ein bevölkerteres Land durchwandern,	parcourir un pays plus peuplé,
aufgeklärtere Menschen besuchen,	fréquenter des hommes plus instruits,
entfaltetere Rosen pflücken.	cueillir des roses plus épanouies.
Was wollen Sie anziehen, suchen, kommen lassen, drucken lassen, kaufen, durchwandern, besuchen, pflücken?	Que voulez-vous mettre — chercher — faire venir — faire imprimer — acheter — parcourir — fréquenter — cueillir?
Sein Nachbar ist der ausgelassenste Mensch, den ich kenne.	Son voisin est l'homme le plus dissolu que je connaisse.
Unsere Tante ist die abgelebteste Frau, die man sich denken kann.	Notre tante est la femme la plus usée qu'on puisse s'imaginer.
Mein Neffe ist das verzogenste Kind, das ich je gesehen habe.	Mon neveu est l'enfant le plus gâté que j'aie jamais vu.

Die verborgensten Geheimnisse kommen an den Tag.	Les secrets les plus cachés viennent au jour.
Ihr Freund hat den verworrensten Prozeß mit seinem Schwager.	Votre ami a le procès le plus embrouillé avec son beau-frère.
Sein Onkel ist einer der entschlossensten Soldaten dieses Regiments.	Son oncle est un des soldats les plus décidés de ce régiment.
Mein Bruder befindet sich in der verzweifeltesten Lage.	Mon frère se trouve dans la situation la plus désespérée.
Sein Schwager ist der Advokat der beleidigtesten dieser Klägerinnen.	Son beau-frère est l'avocat de la plus offensée de ces demanderesses.
Sie hat ihrer ergebensten Freundin geschrieben.	Elle a écrit à son amie la plus dévouée.
Schiller ist einer der gelesensten Dichter Deutschlands.	Schiller est un des poëtes qu'on lit le plus en Allemagne (des plus lus de l'Allemagne).
Er hat seinen gegen ihn erbittertesten Feinden verziehen.	Il a pardonné à ses ennemis les plus exaspérés contre lui.
Was ist sein Nachbar, unsere Tante, mein Neffe, sein Onkel, sein Schwager, Schiller?	Qu'est son voisin — notre tante — mon neveu — son oncle — son beau-frère — Schiller?
Ich habe nie einen besser geräucherten Schinken gegessen, eine schlechter geschriebene Zeitung gelesen, ein dummer gebautes Haus bewohnt, mehr verlassene Kinder gekannt.	Je n'ai jamais mangé un jambon mieux fumé, lu un journal plus mal écrit, habité une maison plus sottement bâtie, connu des enfants plus abandonnés.
Was haben Sie nie gegessen, gelesen, bewohnt, gekannt?	Que n'avez-vous jamais mangé — lu — connu?
Ein länger anhaltender Regen wäre sehr nützlich.	Une pluie durant plus longtemps serait très-utile.
Sie haben einen viel versprechenden Freund.	Vous avez un ami de grande espérance (promettant beaucoup).
Er war auf diesem feuerspeienden Berge.	Il était sur ce volcan (montagne crachant du feu).
Sagen Sie mir den Namen des herrschenden Prinzen.	Dites-moi le nom du prince régnant.
Unser Nachbar hat klingende Münze.	Notre voisin a de l'argent comptant (monnaie sonnante).
Er geht seiner heimkehrenden Schwester entgegen.	Il va au-devant de sa sœur qui revient à la maison.
Ich bewundere das Licht der aufgehenden Sonne.	J'admire la lumière du soleil levant.
Er wünschte sein sterbendes Kind noch zu sehen.	Il désirait voir encore son enfant mourant.
Er hatte eine Hose von strahlendem Weiß.	Il avait un pantalon d'un blanc éclatant.
Die ihren General umstehenden Soldaten waren sehr niedergeschlagen.	Les soldats qui entouraient leur général étaient très-abattus.

Sein uns allen herzzerreißendes Geschrei hörte der in der Nähe wohnende Nachtwächter.	Ses cris qui nous déchiraient le cœur nous tous, le garde de nuit qui demeu[rait] dans le voisinage les entendit.
Laut der auf dem Gefäße stehenden Inschrift ist in demselben das Herz eines Prälaten aufbewahrt.	D'après l'inscription qui se trouve sur [le] vase, il est conservé dans celui-ci le cœu[r] d'un prélat.
Sein ihn dem täuschenden Schimmer des falschen Glückes entziehendes Leben war einfach und anspruchlos.	Sa vie, qui l'enlevait à l'éclat trompeur [d'un] faux bonheur, était simple et sans pr[é]tention.
Mein bei Ihnen plötzlich krank gefallener Bruder ist wieder hergestellt.	Mon frère, subitement tombé malade ch[ez] vous, est de nouveau rétabli.
Dieses aller Autorität Hohn sprechende Treiben hat eine Besorgniß erregende Höhe erreicht.	Cette agitation, bravant toute autorité, atteint une hauteur qui inspire de l'i[n]quiétude.
Ein anhaltenderer Regen hätte großen Schaden verursacht.	Une pluie plus persistante aurait causé u[n] grand dommage.
Er starb in seiner blühendsten Jugend.	Il mourut dans sa jeunesse la plus floris[s]ante.
Er widerstand der durchdringendsten Kälte.	Il résista au froid le plu[s] pénétrant.
Ich habe nie mit einer einnehmenderen Frau gesprochen.	Je n'ai jamais parlé avec une femme plu[s] prévenante.
Die vertrauenerregendsten Worte fielen von seinen Lippen.	Les paroles excitant la plus grande confian[ce] tombaient de ses lèvres.
Lessing war einer der hervorragendsten Schriftsteller seiner Zeit.	Lessing était un des auteurs les plus ém[i]nents de son temps.
Sein noch zu schreibender Brief ist bloß angefangen.	Sa lettre qu'il a encore a écrire (devant e[n]core être écrite) est à peine commencée.
Er wollte die noch zu nehmende Arznei nicht mehr.	Il ne voulut plus la médecine qui était enco[re] à prendre.
Der Preis des ihm zu erstellenden Denkmals ist höher als man glaubet.	Le prix du monument qu'on devait lui é[ri]ger est plus élevé qu'on ne le croyait.
In der zu bestürmenden Stadt ist eine starke Besatzung.	Dans la ville à assaillir il y a une forte ga[r]nison.
Sein leicht zu rettendes Schiff ging unter.	Son vaisseau facile à sauver sombra.
Auf diesem leicht zu ersteigenden Berg ist ein schönes Schloß.	Sur cette montagne facile à gravir est u[n] beau château.
Die Krankheit seines noch zu taufenden Kindes nimmt täglich zu.	La maladie de son enfant qui est encore [à] baptiser, augmente de jour en jour.
Unsere noch zu machenden Aufgaben sind glücklicherweise sehr leicht.	Nos devoirs que nous avons encore à fair[e] sont heureusement très-faciles.
Der Verfalltag seiner zurückzuzahlenden Schulden ist gekommen.	Le jour d'échéance de ses dettes à rembou[r]ser est venu.

VI

Ludwig der Dreizehnte war der Sohn Heinrichs des Vierten und der Vater Ludwigs des Vierzehnten.
Louis XIII était le fils de Henri IV et le père de Louis XIV.

Ravaillac ermordete Heinrich den Vierten, den vierzehnten Mai 1610.
Ravaillac assassina Henri IV le 14 mai 1610.

Karl der Neunte, zweiter Sohn Heinrichs des Zweiten, geboren den sieben und zwanzigsten Juni 1550, starb den ein und dreißigsten Mai 1574.
Charles IX, deuxième fils de Henri II, né le 27 juin 1550, mourut le 32 mai 1574.

Karl der Siebente folgte Karl dem Sechsten nach.
Charles VII succéda à Charles VI.

Nach Ludwig dem Zwölften herrschte Franz der Erste.
Après Louis XII régna François Ier.

Katharina die Erste war die zweite Frau Peters des Ersten, Kaiser von Rußland.
Catherine Ire fut la deuxième femme de Pierre Ier, empereur de Russie.

Paul der Erste folgte seiner Mutter Katharina der Zweiten nach.
Paul Ier succéda à sa mère Catherine II.

Wer war der Nachfolger Ludwigs des Fünfzehnten, Philipps des Vierten, Karls des Zehnten, Katharina der Zweiten?
Quel était le successeur de Louis XV — de Philippe IV — de Charles X — de Catherine II?

Wer folgte Franz dem Ersten, Karl dem Achten, Ludwig dem Vierzehnten, Katharina der Ersten nach?
Qui succéda à François Ier — à Charles VIII — à Louis XIV — à Catherine Ire?

Der Oberst des drei und vierzigsten Linienregiments starb an seinen Wunden.
Le colonel du 43e régiment de ligne mourut de ses blessures.

Sein Onkel hatte in dem vier und zwanzigsten Artillerieregiment gedient.
Son oncle avait servi au 24e régiment d'artillerie.

Mein zweiter Bruder ist auch Soldat; aber mein dritter Bruder ist ein Arzt.
Mon second frère est aussi soldat; mais mon troisième frère est médecin.

Die Königin liebt ihre zweite Tochter mehr als die dritte; aber sie zieht ihren dritten Sohn dem zweiten vor.
La reine aime sa seconde fille plus que la troisième; mais elle préfère son troisième fils au second.

Unser achtes, unser zwölftes, unser acht und zwanzigstes und unser sechs und achtzigstes Linienregiment betheiligten sich an dieser Schlacht.
Notre 8e, notre 12e, notre 28e et notre 96e régiment de ligne prirent part à cette bataille.

Es fehlen mir die drei ersten Bände meines Schillers und die vier letzten meines Goethe.
Il me manque les trois premiers volumes de mon Schiller et les quatre derniers de mon Gœthe.

9

Die Letzten werden die Ersten und die Ersten werden die Letzten sein.

Welches ist der vierte Tag der Woche, der neunte Monat des Jahres, der dritte König der zweiten Race, der größte Fürst des neunten Jahrhunderts?

In welchem Jahrhunderte lebte Karl der Zwölfte, Alexander der Große, Karl der Fünfte, Leo der Zehnte, Bossuet, Lamartine, Lessing?

Les derniers seront les premiers, et les premiers seront les derniers.

Quel est le quatrième jour de la semaine — le neuvième mois de l'année — le troisième roi de seconde race — le plus grand prince du ixe siècle?

Dans quel siècle vivait Charles XII — Alexandre le Grand — Charles-Quint — Léon X — Bossuet — Lamartine — Lessing?

VII

Wir arbeiten den ganzen Tag, die ganze Woche, das ganze Jahr.

Aller dieser Wein ou all'dieser Wein ist zu theuer; ich kaufe keinen.

Alle Wolle ist verkauft; ich habe keine mehr.

Alles Vieh ist wirklich sehr wohlfeil; ich behalte meines.

Mit allem Gelde, das ich habe, könnte ich diesen ganzen Weinberg kaufen.

Alle Reben des ganzen Gebirges sind verfroren; es wird wenig Wein geben.

Unter allen Thieren der ganzen Erde ist der Löwe der furchtbarste; alle anderen zittern vor ihm.

Von allen Kriegen, die Deutschland verheert haben, ist keiner blutiger gewesen als der dreißigjährige.

Ganze Städte wurden niedergebrannt; die Felder ganzer Provinzen blieben wüst.

Dieses Jahr machen wir
    viel Wein, aber wenig Weizen;
    viel Wolle, aber wenig Streu;
    viel Heu, aber wenig Stroh.

Ich weiß nicht wohin
    mit meinem vielen Weine,
    mit meiner vielen Gerste,

Nous travaillons toute la journée, toute la semaine, toute l'année.

Tout ce vin est trop cher; je n'en achète pas.

Toute la laine est vendue; je n'en ai plus.

Tout le bétail est actuellement très-bon marché; je garde le mien.

Avec tout l'argent que j'ai, je pourrais acheter tout ce vignoble.

Toutes les vignes de la montagne entière sont gelées; il y aura peu de vin.

De tous les animaux de la terre, le lion est le plus terrible : tous les autres tremblent devant lui.

De toutes les guerres qui ont ravagé l'Allemagne, aucune n'a été plus sanglante que la guerre de trente ans.

Des villes entières furent brûlées; les terres de provinces entières restèrent incultes.

Cette année nous faisons
    beaucoup de vin, mais peu de froment;
    beaucoup de laine, mais peu de litière;
    beaucoup de foin, mais peu de paille.

Je ne sais pas où aller avec
    ma quantité de vin,
    ma quantité d'orge,

mit dem vielen Heu,
mit den vielen Kartoffeln, die ich dieses Jahr machen werde.
Mein Freund hat zwei Brüder; ich kenne sie beide.
Der eine reist immer, der andere studirt noch.
Mein Freund liebt den einen wie den andern; die beiden machen ihrer Familie Ehre.
Gestern hat er dem einen und vorgestern dem andern geschrieben; er erwartet mit Ungeduld die Antwort des einen und des andern.
Hat Ihr Freund auch zwei Schwestern?
Kennen Sie die beiden Schwestern Ihres Freundes?
Liebt er die eine wie die andere?
Hat er der einen und der andern geschrieben?
Dieser Mann hatte mehrere Kinder; er hat sie alle eines nach dem andern verloren.
Viele meiner Freunde sind die einen jung, die anderen alt gestorben.
Dieser Herr kennt
   alle meine Brüder,
   einige deiner Schwestern,
   mehrere dieser Kinder,
   manche unserer Freunde,
   viele eurer Kameraden,
   wenige Ihrer Nachbarn, und
   keinen dieser Fremden.
Ich kenne
   das Vermögen aller meiner Brüder,
   die Namen einiger dieser Städte,
   die Eltern mehrerer dieser Kinder,
   die Fehler mancher unserer Freunde,
   den Werth vieler eurer Pferde,
   das Alter weniger dieser Damen,
   das Leben zweier dieser Helden.
Wir haben Freunde
   in allen diesen Städten,
   in einigen dieser Dörfer,
   in mehreren dieser Provinzen,
   in manchen dieser Schlösser und
   in vielen fremden Ländern.
Wo haben Sie Freunde?

la quantité de foin,
la quantité de pommes de terre que je ferai cette année.
Mon ami a deux frères; je connais les deux.
L'un voyage toujours, l'autre étudie encore.
Mon ami aime l'un comme l'autre; les deux font honneur à leur famille.
Hier il a écrit à l'un et avant hier à l'autre; il attend avec impatience la réponse de l'un et de l'autre.
Votre ami a-t-il aussi deux sœurs?
Connaissez-vous les deux sœurs de votre ami?
Aime-t-il l'une comme l'autre?
A-t-il écrit à l'une et à l'autre?
Cet homme avait plusieurs enfants; il les a tous perdus, l'un après l'autre.
Beaucoup de mes amis sont morts, les uns jeunes, les autres vieux.
Ce monsieur connaît
   tous mes frères,
   quelques-unes de tes sœurs,
   plusieurs de ces enfants,
   maints de nos amis,
   beaucoup de vos camarades,
   peu de vos voisins, et
   aucun de ces étrangers.
Je connais
   la fortune de tous mes frères,
   les noms de quelques-unes de ces villes,
   les parents de plusieurs de ces enfants,
   les fautes de maints de nos amis,
   la valeur de beaucoup de vos chevaux,
   l'âge de peu de ces dames,
   la vie de deux de ces héros.
Nous avons des amis
   dans toutes ces villes,
   dans quelques-uns de ces villages,
   dans plusieurs de ces provinces,
   dans maints de ces châteaux,
   et dans beaucoup de pays étrangers.
Où avez-vous des amis?

VIII

Sein Garten ist schöner als meiner
    ou der meinige
    ou der meine.
	Son jardin est plus beau que le mien.

Ihr Pächter ist arbeitsamer als unserer
    ou der unserige
    ou der unsere.
	Leur fermier est plus laborieux que le nôtre.

Meine Feder geht besser als deine
    ou die deinige
    ou die deine.
	Ma plume va mieux que la tienne.

Unsere Näherin näht besser als euere
    ou die eurige
    ou die euere.
	Notre couturière coud mieux que la vôtre.

Dein Haus ist theuerer als seines
    ou das seinige
    ou das seine.
	Ta maison est plus chère que la sienne.

Euer Korn ist reifer als ihres
    ou das ihrige
    ou das ihre.
	Votre blé est plus mûr que le leur.

Unsere Pferde sind stärker als Ihre
    ou die Ihrigen
    ou die Ihren.
	Nos chevaux sont plus forts que les vôtres.

Ich sehe von weitem
    deinen Bruder und den meinigen,
    meine Base und die deinige,
    dein Haus und das seinige,
    euer Dorf und das unserige,
    unsere Heerden und die Ihrigen,
    seine Reben und die ihrigen.
	Je vois de loin
	    ton frère et le mien,
	    ma cousine et la tienne,
	    ta maison et la sienne,
	    votre village et le nôtre,
	    nos troupeaux et les vôtres,
	    ses vignes et les leurs.

Was sehen Sie von weitem?	

Ich möchte gern
    den Hund Ihres Onkels und den des meinigen mitnehmen,
    die Flinte meines Vetters und die des deinigen laden,
    die Beschreibung dieser Stadt und die der seinigen lesen,
    den Gesang deiner Amsel und mit dem unserigen vergleichen,
	Je voudrais bien
	    emmener le chien de votre oncle et celui du mien,
	    charger le fusil de mon cousin et celui du tien,
	    lire la description de cette ville et celle de la sienne,
	    comparer le chant de ton merle avec celui du nôtre,

die Schrift dieses Kindes und die des Ihrigen sehen,
den Preis dieses Werkes und den des eurigen kennen,
das Lob dieser Soldaten und das der ihrigen machen.
Was möchten Sie gern mitnehmen, laden, lesen, vergleichen, sehen, kennen, machen?

Mit deinem Pflug und mit dem meinen kann ich gut pflügen.
Mit Ihrem Hund und mit dem deinen kann ich gut jagen.
Mit meiner Flinte und mit der seinen kann ich gut schießen.
Mit deiner Sense und mit der unseren kann ich gut mähen.
Mit seinem Beil und mit dem euren kann ich gut Holz spalten.
Mit unserm Korn und mit dem Ihren kann der Müller schönes Mehl machen.
In Ihren Reben und in den unseren sind viele Trauben.
In meinen Ställen und in den seinen sind schöne Kühe.
Mit was können Sie gut pflügen, gut jagen, gut schießen, gut mähen, gut Holz spalten?

Er hätte gern
    deinen Wald, den meinen oder denjenigen meines Nachbars gekauft;
    Ihre Zeitung, die deine oder diejenige Ihres Freundes gelesen;
    unser Holz, das seine oder dasjenige unsers Schwagers gespalten;
    meine Zimmer, die Ihren oder diejenigen dieses Malers gewichst.
Was hätte er gern gekauft, gelesen, gespalten, gewichst?
Man liebt
    denjenigen, der sich gut aufführt;
    diejenige, die bescheiden ist;

voir l'écriture de cet enfant et celle du vôtre,
connaître le prix de cet ouvrage et celui du vôtre,
faire l'éloge de ces soldats et celui des leurs.
Que voudriez-vous bien emmener — charger — lire — entendre — voir — connaître — faire?

Avec ta charrue et avec la mienne je puis bien labourer.
Avec votre chien et avec le tien je puis bien chasser.
Avec mon fusil et le sien je puis bien tirer.
Avec ta faux et avec la nôtre je puis bien faucher.
Avec sa cognée et avec la vôtre, je puis bien fendre du bois.
Avec notre blé et le vôtre, le meunier peut faire de la bonne farine.
Dans vos vignes et dans les nôtres, il y a beaucoup de raisin.
Dans nos étables et dans les siennes, il y a de belles vaches.
Avec quoi pouvez-vous bien labourer — bien chasser — bien tirer — bien faucher — bien fendre du bois?

Il aurait aimé
    acheter ta forêt, la mienne ou celle de mon voisin;
    lire votre journal, le tien ou celui de votre ami;
    fendre notre bois, le sien ou celui de notre beau-frère;
    cirer mes chambres, les vôtres ou celles de ce peintre.
Qu'aurait-il aimé à acheter — à lire — à fendre — à cirer?
On aime
    celui qui se conduit bien,
    celle qui est modeste,

dasjenige seiner Kinder, das artig ist; diejenigen, die ihrem Nächsten Gutes thun.

celui de ses enfants qui est gentil, ceux qui font du bien à leur prochain.

Ich antworte demjenigen der mir schreibt.

Je réponds à celui qui m'écrit.

Er schreibt derjenigen seiner Schwestern die in England ist.

Il écrit à celle de ses sœurs qui est en Angleterre.

Er reitet mit demjenigen seiner Pferde aus, das am scheuesten ist.

Il sort avec celui de ses chevaux qui est le plus ombrageux.

Du machst denjenigen deiner Freunde Vorwürfe, die dich am meisten lieben.

Tu fais des reproches à ceux de tes amis qui t'aiment le plus.

Ich lese die Uebersetzung desjenigen dieser deutschen Schriftsteller, welcher für mich am unverständlichsten ist.

Je lis la traduction de celui de ces auteurs allemands qui est pour moi le plus inintelligible.

Er las den Brief derjenigen seiner Basen, welche er am zärtlichsten liebt.

Il lut la lettre de celle de ses cousines qu'il aime le plus tendrement.

Wir bewohnen den ersten Stock desjenigen unserer Häuser, welches ich am theuersten bezahlt habe.

Nous habitons le premier étage de celle de nos maisons que j'ai payée le plus cher.

Wir schicken ihnen den Preis derjenigen unserer Artikel, die wir für Sie am gangbarsten glauben.

Nous vous envoyons le prix de ceux de nos articles que nous croyons du meilleur débit pour vous.

Wer liest am deutlichsten von ihnen? Wer schreibt am schnellsten von uns? Wer spricht am leisesten? Wer springt am weitesten? Wen lieben Sie am zärtlichsten? Wem schreiben Sie am liebsten?

Qui lit le plus distinctement de vous? — Qui écrit le plus vite de nous? — Qui parle le plus bas? — Qui saute le plus loin? — Qui aimez-vous le mieux? — A qui écrivez-vous le plus volontiers?

Ihr Onkel hat uns auf das Freundlichste aufgenommen.

Votre oncle nous a reçus de la manière la plus aimable.

Die ganze Stadt war auf das Geschmackvollste verziert.

La ville entière était décorée de la façon la plus gracieuse.

Die aufs Mannigfaltigste beleuchtenden Läden erfreuten das Auge auf das Allerangenehmste.

Les magasins, illuminés de la manière la plus variée, réjouissaient l'œil de la manière la plus agréable.

IX

Der hiesige Wein ist sauerer als der dortige.

Le vin d'ici est plus aigre que celui de làbas.

Der jetzige General ist jünger als der vorige.

Le général actuel est plus jeune que celui d'avant.

Die heutige Gesellschaft ist gelehrter als die ehemalige.

La société d'aujourd'hui est plus instruite que celle d'autrefois.

Die gestrige Zeitung war interessanter als die vorgestrige.

Das morgige Fest wird glänzender sein als das übermorgige.

Das bisherige Wetter war besser als das letztjährige.

Die vierzehntägigen Ferien sind den Schülern lieber als die achttägigen.

Sein hiesiger Freund ist ihm sehr zugethan.

Seine jetzige Krankheit ist gefährlich.

Mein gestriges Abendblatt enthielt eine schlechte Nachricht.

Meine heutigen Zeitungen sind nicht angekommen.

Er hat mit seinem gestrigen Gast viel Geld verspielt.

Sie war nicht in der heutigen Predigt.

In unserem diesjährigen Kalender sind sehr unterhaltende Erzählungen.

Wie auf allen seinen vorherigen Reisen wird Ihr Bruder Ihnen öftere und interessante Briefe schreiben.

Wir haben obige erwähnte Arbeiten sachverständigen Männern anvertraut.

Die hierdurch disponibel werdenden Millionen sollen zur Tilgung der fünfprozentigen Anleihe von 1859 verwendet werden.

Die gestrigen aus London eingetroffenen Briefe lauten beruhigend wegen der bevorstehenden Schlacht.

In unserm morgigen oder übermorgigen Schreiben werden wir allen denjenigen, welche an diesem weit über unsere anfänglichen Erwartungen hinausgehenden Erfolge in so reichem Maße mitgewirkt haben, unsern nochmaligen wärmsten Dank ausdrücken.

Alle dem vergangene Woche bekannt gemachten Gesetze Zuwiderhandelnde haben ernsthaftes Einschreiten unserer seinnasigen Polizei zu gewärtigen.

Le journal d'hier était plus intéressant que celui d'avant-hier.

La fête de demain sera plus brillante que celle d'après-demain.

Le temps qu'il a fait jusqu'ici était meilleur que celui de l'année dernière.

Les vacances de quinze jours sont plus chères aux élèves que celles de huit jours.

Son ami d'ici lui est très-dévoué.

Sa maladie actuelle est dangereuse.

Ma feuille du soir d'hier renfermait une mauvaise nouvelle.

Mes journaux d'aujourd'hui ne sont pas arrivés.

Il a perdu beaucoup d'argent avec son hôte d'hier.

Elle n'était pas au sermon d'aujourd'hui.

Dans notre calendrier de cette année il y a des récits très-amusants.

Comme dans tous ses voyages précédents, votre frère vous écrira de fréquentes et intéressantes lettres.

Nous avons confié les travaux ci-dessus mentionnés à des hommes entendus (qui s'entendent à la chose).

Les millions qui deviennent disponibles par cela doivent être employés à l'amortissement de l'emprunt à 5 pour 100 de 1859.

Les lettres d'hier, arrivées de Londres, sont rassurantes au sujet de la bataille qui est imminente.

Dans notre lettre de demain ou d'après-demain, nous exprimerons de nouveau nos plus chauds remercîments à tous ceux qui ont contribué dans une si riche mesure à ce succès qui dépasse de beaucoup l'attente que nous en avions au commencement.

Tous les contrevenants à la loi promulguée la semaine passée ont à s'attendre à une intervention sérieuse de notre police au nez fin.

TABLE DES MATIÈRES

	Pagés.
Avant-Propos.	1
Du Genre allemand. — Tableaux et Types.	
De la Déclinaison allemande.	
L'École.	2
La Chambre d'habitation	4
La Chambre à coucher	6
La Cuisine et la Cave.	8
La Table et la Vaisselle de table.	10
Mets et Assaisonnements	12
Maison, Cour et Dépendances.	14
La Ferme.	16
Église et Ornements.	18
Village et Ville.	20
L'Homme — le Corps.	22
La Famille	24
Les Animaux en général	26
Le Cheval et la Voiture.	28
Animaux sauvages.	30
Oiseaux.	32
Poissons	34
Amphibies et Insectes.	36

	Pages.
Arbres et Plantes.	38 à 48
Minéraux.	48
Univers et Terre.	50
Le Temps.	52
Dieu et la Religion.	58
Maladies	50
Facultés de l'âme — Vertus — Vices.	64
Vêtements.	68
Occupations des Femmes.	72
Métiers.	74
Industrie et Commerce.	80
Mesures et Poids. — Voyages.	82
Sciences et Arts.	84 à 94
Jeux et Amusements.	94
Armée — Armes — Guerre.	96 à 102
Marine.	102
Clergé et Justice.	104
Administration — Société civile.	106
Noms propres de personnes.	108
Noms géographiques.	110
Exercices sur les diverses Applications du genre dans la Grammaire allemande.	112 à 128

www.ingramcontent.com/pod-product-compliance
Lightning Source LLC
LaVergne TN
LVHW020413070526
838199LV00054B/3599